Franz Marc

D1724740

♦♦♦

kleine bayerische biografien

herausgegeben von
Thomas Götz

STEFAN FRÖHLING / MARKUS HUCK

Franz Marc

Prophet der Moderne

Verlag Friedrich Pustet
Regensburg

Biografien machen Vergangenheit lebendig: Keine andere literarische Gattung verbindet so anschaulich den Menschen mit seiner Zeit, das Besondere mit dem Allgemeinen, das Bedingte mit dem Bedingenden.

So ist Lesen Lernen und Vergnügen zugleich.

Dafür sind gut 100 Seiten genug – also ein Wochenende, eine längere Bahnfahrt, zwei Nachmittage im Café.

Wobei *klein* nicht leichtgewichtig heißt: Die Autoren sind Fachleute, die wissenschaftlich Fundiertes auch für den verständlich machen, der zwar allgemein interessiert, aber nicht speziell vorgebildet ist.

Bayern ist von nahezu einzigartiger Vielfalt: Seinen großen Geschichtslandschaften Altbayern, Franken und Schwaben eignen unverwechselbares Profil und historische Tiefenschärfe. Sie prägten ihre Menschen – und wurden geprägt durch die Männer und Frauen, um die es hier geht: Herrscher und Gelehrte, Politiker und Künstler, Geistliche und Unternehmer – und andere mehr.

Das wollen die KLEINEN BAYERISCHEN BIOGRAFIEN: Bekannte Personen neu beleuchten, die unbekannten (wieder) entdecken – und alle zur Diskussion um eine zeitgemäße regionale Identität im Jahrhundert fortschreitender Globalisierung stellen. Eine Aufgabe mit Zukunft.

Dr. Thomas Götz, Herausgeber der Buchreihe, geboren 1965, studierte Geschichte, Germanistik und Philosophie. Er lehrt Neuere und Neueste Geschichte an der Universität Regensburg und legte mehrere Veröffentlichungen, vor allem zu Stadt und Bürgertum in Bayern und Tirol im 18., 19. und 20. Jahrhundert, vor. Darüber hinaus arbeitet er im Museums- und Ausstellungsbereich.

Inhalt

Einleitung

Er durfte sie nicht erleben, die *Zeit der neuen Kunst*, um die er so engagiert gerungen hat. Der Maler Franz Marc ist wie so manch anderer namhafter Künstler nicht mehr aus dem Ersten Weltkrieg zurückgekehrt, in den er allzu begeistert und im fälschlichen Glauben an einen kulturellen Neubeginn gezogen war. Er sah sich als Künstler in eine *fruchtbare und heilige* Epoche hineingestellt, in der er, wie er es ausdrückte, den Zeitgenossen mit seinen Bildern und Grafiken oder in seinen Essays die *Ideen* zeigen wollte, die er für nichts weniger als *den Gärstoff der neuen Zeit* hielt.

Damals war der niederländische Maler Vincent van Gogh (1853–90) bei der künstlerischen Avantgarde, zu der Franz Marc gehörte, so angesagt, wie er bei den Befürwortern der traditionellen akademischen Malerei verschrien war. Doch mit van Gogh verband Marc noch weit mehr: nämlich die religiöse Tiefe und die Suche nach der eigenen Berufung. Der Holländer hatte sich in vier Professionen versucht, bevor er zur Malerei und damit zu seiner »Bestimmung« fand; und wie dieser zuerst hatte Pfarrer werden wollen, so dachte auch Marc in jungen Jahren daran, Theologie zu studieren. Als Künstler behielt er dann eine durchaus missionarische, ja prophetische Art bei.

Er begnügte sich also nicht mit der Darstellung der sichtbaren Welt, sondern unterlegte seinen Bilder stets eine mystische Bedeutung. Zu dieser Herangehensweise war er stark von dem russischen Maler Wassily Kandinsky (1866–1944) angeregt, zumindest darin gefördert worden. Mit ihm verband Franz Marc eine von gegenseitiger Hochachtung geprägte Freundschaft. Beider Namen sind untrennbar mit dem »Blauen Reiter« verbunden, jenem von ihnen entwickelten künstlerischen Unternehmen, das von der konservativen Kritik als *interessantes Objekt für eine psychiatrische Studie* geschmäht wurde. Doch längst zählen die dabei entstandenen Werke zu den bedeutendsten Beiträgen in der modernen Kunst des 20. Jahrhunderts.

Mit seinem Tode knickt eine der schönsten und kühnsten Kurven unserer deutschen künstlerischen Entwicklung jäh ab; keiner von uns ist imstande, sie fortzuführen. Jeder zieht seine eigene Bahn; und wo wir uns begegnen werden, wird er immer fehlen. Diese Zeilen gelten einem anderen. Franz Marc hat sie für einen Nachruf auf den gleich zu Beginn des Ersten Weltkriegs gefallenen Malerfreund August Macke (1887–1914) verfasst. Mit Fug und Recht freilich hätten sie auch in einem Nachruf auf ihn selbst, Franz Marc, stehen können. Schließlich hatte er, wie er in einem Feldpostbrief an seine Mutter schrieb, die Sorge, dass er sein Werk nicht würde vollenden können.

Dennoch wird die unbeantwortbare Frage bleiben: Wie vollendet waren Marcs Werk und Denken tatsächlich? Das biografische Wissen um seinen frühen Tod, der ihn aus der Mitte des Lebens gerissen hat, mag dazu verführen, in seinem künstlerischen Werk vor dem Ersten Weltkrieg sowie in seinen Schriften und Briefen aus dem Feld schon einen vorläufigen Abschluss zu vermuten, als wären seine avantgardistischen Tier- und Landschaftsbilder womöglich nicht nur eine begrenzte Phase in seiner gestalterischen Entwicklung gewesen; und als wäre seine metaphysische Durchdringung der Welt hin zu einer geistigen und reinen Daseinsform gerade durch die aufs Äußerste verstörenden Erfahrungen im Krieg zu einem vorweggenommenen Ende gezwungen worden. Denn des eigenen Todes musste er an der Front permanent gewärtig sein, selbst wenn er ihn gar nicht so arg gefürchtet hat. Denkt er doch im Herbst des Jahres 1914 in seiner Schrift »Im Fegefeuer des Krieges« darüber nach, welche Bedeutung die Kunst bei dessen Beendigung haben wird: *Ich glaube nicht, dass viel von dem, was wir neuen Maler in Deutschland vor dem Kriege geschaffen haben, Wurzel fassen konnte. Wir werden von vorn anfangen müssen zu arbeiten.* Allein auf blaue, rote oder gelbe Pferde lässt sich der Maler Franz Marc keinesfalls reduzieren.

Franz Marc mit seiner geliebten Pelzmütze, mit der ihn auch August Macke malte. – Fotografie, um 1907.

1 Familiengeschichte

VOM GROSSVATER ZUM VATER

Der Hang zur Kunst, zum Religiösen und zu den großen Fragen des Seins war Franz Marc in die Wiege gelegt. Bereits der Großvater Moriz August Marc (1799–1852) verspürte eine unwiderstehliche Neigung zur Zeichenkunst, näherhin zum Handwerk des Radierers, das er neben seiner juristischen Ausbildung erlernt hatte. Als verdienstvoller Beamter hatte er es nach seinem Studium in Würzburg und Erlangen sowie einer Anstellung am Bamberger Landgericht zum Regierungsdirektor in Speyer gebracht, wo ihm im Namen der bayerischen Könige Ludwig I. (reg. 1825–48) und Maximilian II. Joseph (reg. 1848–64) die Finanzverwaltung unterstand, waren die Stadt und Teile der Pfalz doch zwischen 1816 und 1946 bayerisch.

Freilich konnte sich Moriz August Marc in seiner gesicherten Beamtenposition nur außerhalb des Dienstes auf die bildende Kunst verlegen. Für mehr hätten seine erste Frau, Pauline Freiin von Pelkhoven (gest. 1843), und deren Familie wohl kaum Verständnis aufgebracht, trotzdem gepflegte kreative Fertigkeiten in ihrer Welt durchaus erlaubt und erwünscht waren. Das sollte sich freilich bei seinem Sohn Wilhelm, dem fünften von sechs Kindern, nach anfänglichem Zögern drastisch ändern. Zwar musste auch er zunächst ein juristisches Staatsexamen vorweisen, konnte danach jedoch, ab 1863, die Königliche Akademie der Bildenden Künste in München als Student der Malerei besuchen, an der er späterhin sogar als Dozent tätig sein sollte.

> ### Die Großtante und E.T.A. Hoffmann
> Als der Schriftsteller Ernst Theodor Wilhelm Hoffmann (1776–1822), der aus Verehrung für Mozart den Vornamen Amadeus annahm, zusammen mit seiner Ehefrau Mischa (1778–1854) im Jahr 1808 nach Bamberg zog, war er einige Zeit davor als Jurist und preußischer Regierungsrat unter der napoleonischen Verwaltung arbeitslos geworden. Seinen Versuch, sich als Komponist

und Zeichner durchzuschlagen, musste er aufgeben, weil dieser nichts einbrachte. Und zum Schriftsteller sollte Hoffmann erst noch reifen. Das Angebot, am neu gegründeten Bamberger Theater als Musikdirektor einzusteigen, kam ihm deshalb sehr gelegen. Doch Zwistigkeiten im Ensemble zwangen ihn, die Stelle bald wieder aufzugeben, sodass er nur mehr als freier Bühnenbildner, Kapellmeister und Komponist arbeiten konnte.

Er benötigte also dringend ein Zubrot. Dazu verhalf ihm die Bekanntschaft mit dem angesehenen Arzt Dr. Adalbert Friedrich Marcus (1753–1816), denn die Nichten des Arztes, Wilhelmine und Julia, sollten Gesangs- und Klavierstunden erhalten. Moriz August Marc (s. S. 10) war der jüngere Bruder der beiden. Ihr Vater, Philipp Marc (1739–1801), war für etliche Jahre in Amerika gewesen und dort vom Judentum zum Christentum übergetreten. 1792 hatte er seine Nichte Franziska (geb. um 1773) geheiratet und sich 1794 als der für Franken zuständige amerikanische Konsul im damals noch fürstbischöflichen Bamberg niedergelassen.

Die nun seit etlichen Jahren verwitwete Konsulin Franziska Marc erlaubte es E.T.A. Hoffmann, ihre Töchter zu unterrichten, wobei er auch bei anderen gut situierten Familien der Stadt in entsprechender Weise tätig war. Doch insbesondere Julia Marc (1796–1865) – eine Großtante von Franz Marc – war es, der mit einem Mal seine größte Aufmerksamkeit galt. Dabei war sie fast noch ein Kind, wenn auch sehr anmutig. Sie löste in ihm freilich Liebesgefühle aus, die ihn an den Rand des Wahnsinns treiben sollten.

Die Konsulin Marc hatte – abgesehen davon, dass Hoffmann wesentlich älter, verheiratet und nahezu mittellos war – längst einen Kaufmannssohn aus Hamburg als Ehemann für ihre Tochter Julia im Auge. Jener Johann Gerhard Graepel (gest. 1821) war offenbar kein geistig sprühender oder galanter Mensch, dafür aber finanziell abgesichert. Schließlich kam es zum Eklat: Bei einem

Ausflug mit den Damen im September 1812 beleidigte Hoffmann seinen betrunkenen Widersacher Graepel lauthals, was die Beziehungen zum Hause Marc merklich abkühlte und mit dazu beitrug, dass E.T.A. Hoffmann Bamberg im April 1813 verließ. Die Ehe mit Graepel brachte Julia jedoch kein Glück und wurde nach wenigen Jahren beendet.

Wilhelm Marc (1839–1907), der Vater von Franz, sollte sich zu einem veritablen Genremaler entwickeln. Schon bald konnte er von seinen Bildern leben und zukünftig seine Familie ernähren. Die Genrebilder, also die Darstellung typischer Alltagsszenen aus dem Stadt- und Landleben, die, etwa wie bei Carl Spitzweg (1808–85), ironisch überzeichnet sein können, waren beim bürgerlichen Publikum beliebt. Ihre Tradition reicht bis ins 16./17. Jahrhundert zurück und wurde von niederländischen Meistern initiiert. Gerade in der zweiten Hälfte des 19. Jahrhunderts fanden sich sehr viele kunstbegeisterte Käufer. Die Städte Berlin und München sind hier zu nennen, die eine große Zahl an Malern angezogen hatten. Die Königliche Akademie der Bildenden Künste in München spielte hierbei eine maßgebende Rolle und war weit über Bayern hinaus bekannt. Wilhelm Marc ist der aus ihr hervorgegangenen »Münchner Schule« zuzurechnen.

Die »Münchner Schule«

Dieser Begriff bezeichnet einen Malstil des 19. und beginnenden 20. Jahrhunderts. Er entstand im Umfeld der Akademie der Bildenden Künste in München und beeinflusste die dort gelehrte Malerei entscheidend, von der sich Fanz Marc in jungen Jahren lossagen wird.

1885, ein Jahr vor dem Tod Ludwigs II. von Bayern (reg. 1864–86), freute sich der Maler und Kunstschriftsteller Friedrich Pecht (1814–1903) darüber, dass München mehr Künstler als Berlin und Wien zusammen aufzuweisen habe. Bereits der kunstsinnige König Ludwig I. (reg. 1825–48) hatte einst versprochen: *Ich will aus München eine Stadt machen, die Teutschland zu Ehren gereichen* soll, dass keiner Teutschland kennt, wenn er nicht München kennt. Bei seinem Thronverzicht am 20. März 1848 hatte er dieses Versprechen eingelöst. Schon sein Vater, König Maximilian I. Joseph (reg. als König 1806–25), hatte 1808 die Königliche Akademie der Bildenden Künste in München gegründet. 1855 erhielt der Historienmaler Carl Theodor von Piloty (1826–86) eine Professur an der Akademie und übernahm 1874 deren Leitung. Seine Werke beeindrucken durch ihren detailgetreuen, heroisierenden Realismus. Neben Piloty sammelte der Maler Wilhelm von Diez (1839–1907), der 1872 zum Professor an der Akademie ernannt worden war, zahlreiche Schüler um sich. Er verband eine genaue Naturbeobachtung mit der impressionistischen Leuchtkraft der Farbgebung. Damit näherte er sich, ohne die traditionelle akademische Malweise aufzugeben, der Moderne an. Gabriel von Hackl (1843–1926) wurde 1878 Professor und Leiter einer Zeichenklasse. Er selbst blieb dem Historismus, also dem Rückgriff auf ältere Stilrichtungen, verhaftet, förderte aber als hervorragender Lehrer mehrere fortschrittliche Künstler, darunter Franz Marc und den deutschen Impressionisten Max Slevogt (1868–1932).

Durch seine naturalistischen Abbildungen bäuerlicher Szenen und Landschaften war Wilhelm Marc, der auch von König Ludwig II. Aufträge erhielt, ein über die Stadt München hinaus geschätzter Künstler geworden. Und wie es bereits der Philosoph Friedrich Wilhelm Joseph Schelling (1775–1854), erster Generalsekretär der Königlichen Akademie der Bildenden Künste, gefordert hatte, verband er mit seiner Kunst einen moralischen Anspruch, um beispielgebende Lebensweisen und -prinzipien nach außen zu tragen. Denn *das Genrebild will*, wie dies die Historikerin Katja Förster in ihrer Arbeit über die Weltsicht Franz Marcs beschreibt, *das Typische, nicht das Individuelle zeigen. Nicht die persönlichen Eigenheiten der dargestellten Menschen sind von Bedeutung, sondern ihr Beispiel soll auf den Betrachter wirken.* Dabei verschließt Wilhelm Marc keineswegs die Augen vor den sozialen Verwerfungen der Gesellschaft, sondern er setzt mit seinen ländlichen Genrebildern einen bewussten Gegenpol zur Umtriebigkeit und Zerrissenheit der anwachsenden Städte und damit zugleich auch zu einer überkommenen romantisch-verklärten Sichtweise.

DIE ELTERN UND DIE GLAUBENSFRAGE

Fanny, die ältere Schwester Wilhelms, war im russischen St. Petersburg verheiratet. Die bei ihr und ihrem Mann, Eduard Bohnstedt, seit 1866 als Erzieherin angestellte Sophie Maurice (1847–mind. 1916) stammte aus dem Elsass und war in einem schweizerischen Internat calvinistisch aufgewachsen. Wilhelm Marc lernte die junge Gouvernante wohl schon bei einem 1867 erfolgten Besuch in St. Petersburg kennen, doch sie scheint ihm nicht besonders aufgefallen zu sein. Erst etliche Jahre später und nach weiteren Besuchen wurde aus den beiden ein Paar, das sich im Februar 1877 in München vermählte.

Obwohl gemäß den Grundsätzen des Calvinismus – benannt nach dem französischen Reformator Johannes Calvin (1509–64) – das Leben eine sehr strenge religiöse Prägung erfährt und dem Menschen, im Gegensatz zu anderen Konfessionen, auf seinem durch Gott vorherbestimmten Lebensweg recht wenig Entscheidungs- und Gewissensfreiheit zugestanden wird, herrschte im Hause Marc eine sittlich zwar sehr an der gelebten Religion ausgerichtete, aber in Glaubensfragen freie, also undogmatische Lebensweise vor. Der katholisch erzogene und über Jahrzehnte seiner Konfession zugewandte Wilhelm Marc konvertierte 1895 schließlich – und gewiss nicht zuletzt seiner evangelischen Frau Sophie zuliebe – zum Luthertum und durchbrach hiermit die dem Katholizismus verhaftete Tradition der Familie Pelkhoven, vertreten durch Wilhelms Mutter Pauline und nach deren Tod durch ihre jüngere Schwester Mechthilde, mit der Moriz August Marc in zweiter Ehe verheiratet war. Wilhelm Marc ging es um eine echte, tätige Christlichkeit und nicht um vordergründige Bekenntnisse. Christ zu sein war seiner Überzeugung nach eine *Werktagspflicht*, katholisch oder evangelisch zu sein hingegen ein *Sonntagsvergnügen*.

2 Die ersten Beeinflussungen

ZWEI BRÜDER

Am 8. Februar 1880 kam Franz Marc in München zur Welt und erhielt eingedenk seiner Herkunft zudem die Vornamen Moritz und Wilhelm. Bei der Taufe seines Sohnes Franz soll Wilhelm Marc übrigens vor Schreck ob der Hässlichkeit des Säuglings in Ohnmacht gefallen sein. Franz hatte zu seinem um gut zwei Jahre älteren Bruder Paul (1877–1949) lange Zeit ein sehr enges Verhältnis. Beide Söhne wurden auf Drängen der Großmutter, Mechtilde von Pelkhoven, im katholischen Ritus getauft. Erst nach dem Tod Mechthildes im Jahr 1882 konnte Sophie Marc ihre Kinder protestantisch erziehen, was ihr Ehemann Wilhelm sogar testamentarisch festgelegt hatte. Die Veränderung in der konfessionellen Unterweisung mochte vielleicht für den älteren Sohn Paul in Ansätzen spürbar gewesen sein, für den jüngeren Franz sicher noch nicht.

Paul und Franz Marc wuchsen in einer Familie auf, in der darauf geachtet wurde, dass alle liebevoll miteinander umgingen. Der gutherzige Vater und die fürsorgliche Mutter sollen niemals Streit gehabt haben. Diese familiäre Harmonie hat sich gewiss auf die Gemälde Wilhelm Marcs und auch seines Sohnes Franz ausgewirkt, der durchaus von den künstlerischen Themen des Vaters beeinflusst war. Was bei Wilhelm Marc, der seine Söhne mehrfach malte, die Sehnsucht nach einem beispielhaften, idyllischen Dasein war, dürfte in den romantisch angehauchten frühen Bildern des Sohnes ein Gleichklang in und mit der Natur gewesen sein.

Ab 1892 entstand auf dem Gebiet der Stadt Pasing vor den Toren Münchens (1938 eingemeindet) unter der Regie des Architekten August Exter (1858–1933) die sogenannte »Villenkolonie Pasing I«, die als Gartenstadt geplant war und so manchen Künstler anzog. In der dortigen Luisenstraße konnte die Familie Marc ein kleineres Haus mit angrenzendem Garten erwerben, und das, obwohl Wilhelm Marc zu diesem Zeitpunkt bereits so stark an Multipler Sklerose litt, dass er kaum mehr malen konnte und sich mit jährlich 750 Mark aus einer Künst-

Franz Marc als Gymnasiast. – Fotografie von Ludwig Schiessl, München.

lerkasse begnügen musste. Allerdings hatte er mütterlicherseits eine ausreichende Erbschaft gemacht. Das Gehen fiel dem Vater zu dieser Zeit schon recht schwer, was mit ein Grund gewesen war, die Etagenwohnung in München aufzugeben und in die »Gartenstadt« zu ziehen. Sophie Marc kümmerte sich bis zu seinem Tod im Jahr 1907 sicher hingebungsvoll um ihren Ehemann und blieb dennoch ihrem wohltätigen Engagement innerhalb der Kirchengemeinde treu. Der Sohn Franz wohnte bis zu seinem 1904 erfolgten Umzug in den Münchener Stadtteil Schwabing in der Luisenstraße. Den Vater wird er während der Weihnachtstage 1906 in seinem Todeskampf malen. *Alles konzentriert sich in dem müden Blick ins Leere. Ich fürchte, Maman wird es etwas grausig vorkommen. Aber dieses müde Warten auf den Tod hat etwas ganz Grausiges.* Auch den Kopf des toten Vaters hat er in einer Kreidezeichnung festgehalten.

Ab 1891 besuchte Franz, wie vorab sein Bruder Paul, nach der Volksschule das erst 1887 gegründete humanistische Luitpold-Gymnasium in München, wo er im Jahr 1899 das Abitur bestand. Anders als Paul war Franz ein in sich gekehrtes, ruhiges Kind, das dennoch einen zunehmend stärker ausgeprägten eigenen Willen besaß. Von irgendwelchen Schulproblemen ist nichts überliefert; im Gegenteil: Er galt als fleißig und aufmerksam, legte – dem christlichen Vorbild der Eltern gemäß – ein lobenswertes Betragen an den Tag und erhielt im Abitur sehr gute Zensuren.

Albert-Einstein-Gymnasium

In den Jahren 1888–94 – und somit zu einer Zeit, als die Brüder Marc das Münchener Luitpold-Gymnasium (Müllerstraße) besuchten – zählte diese Lehranstalt auch Albert Einstein (1879–1955) zu ihren Schülern. Das Gymnasium war 1887 nach dem damals in Bayern regierenden Prinzregenten Luitpold (reg. 1886–1912) benannt worden. 1918 wurde diese Schule mit dem 1864 eröffneten Neuen Realgymnasium vereint, das anschließend seinen alten Standort aufgab. Weil das Schulgebäude in der Müllerstraße 1944 bei Bombenangriffen zerstört worden war, wurde in den 1950er-Jahren ein Neubau in der Lautererstraße errichtet, der seit 1965 als Albert-Einstein-Gymnasium den Namen des berühmten Physikers trägt. – Das Staatliche Luitpold-Gymnasium in München (Seeaustraße), das von Prinzregent Luitpold im Jahr 1891 als Königliche Luitpold-Kreisrealschule gegründet worden war, hat mit dem früheren Luitpold-Gymnasium nur den Namen gemeinsam. Auch hier war nach Bombenschäden ein Neubau nötig, der allerdings am selben Standort erstellt wurde.

ENTSCHEIDUNGEN

Die Frage nach dem am Ende der Schulzeit anstehenden beruflichen Werdegang machte Franz in der Jugend erheblich zu schaffen, was nicht heißt, dass er ein unsteter Mensch gewesen ist; vielmehr spricht seine Auseinandersetzung mit den sich auftuenden Wegen für einen wachen Geist. Richtig ist freilich, dass er zeitlebens ein leicht zu beeindruckender Mensch war, was in den mannigfaltigen Stileinflüssen, die seine Karriere als Maler bestimmen sollten, erkennbar wird.

Wie es seinem Bruder Paul mit der Entscheidung für einen Beruf erging, ist nicht bekannt. Dieser studierte nach dem

Abitur Klassische Philologie in München und verschrieb sich bald der Byzantinistik. Wegen einer im Ersten Weltkrieg erfolgten Verletzung vor Verdun musste ihm ein Bein amputiert werden, was ihn wohl gezwungen hat, die mit diesem Fach verbundenen Studienreisen ganz aufzugeben. Er arbeitete fortan publizistisch und gehörte ab 1923 dem Hamburger Institut für Auswärtige Politik an, das sich mit der Friedensforschung befasste.

Franz Marc erhielt seinen ersten Konfirmandenunterricht im Jahr 1892 bei Pastor Otto Schlier (um 1864–um 1945), der damals mit der Familie Marc schon recht gut bekannt war, hatte er doch vorher schon Paul Marc in der evangelischen Glaubenslehre unterwiesen. Otto Schlier war zu Beginn der 1890er-Jahre Stadtvikar an der Pfarrkirche St. Matthäus, der ersten neu errichteten »Protestantischen Kirche Münchens« (1833 eingeweiht; 1938 abgebrochen), konnte Franz jedoch nicht ganz bis zur Konfirmation im März des Jahres 1894 begleiten. Seit dem Jahr 1893 hatte er nämlich eine Pfarrstelle in dem fränkischen Ort Schney (nahe der Stadt Lichtenfels) inne, die er bis 1902 behielt, um anschließend Stadtpfarrer in Freiburg zu werden.

Trotz der räumlichen Entfernung ist er weiterhin als Mentor und Vorbild des jugendlichen Franz Marc anzusehen, ja, sie blieben freundschaftlich verbunden. Ein reger Briefwechsel setzte ein, dem während der Sommerferien 1897 ein mehrwöchiger Aufenthalt des Gymnasiasten im fränkischen Pfarrhaus folgte. Bereits kurz davor, also im Juli des genannten Jahres, hatte Franz Pfarrer Schlier brieflich von seinem »ersten« Berufswunsch berichtet: *Mein alter Vorsatz – von Ihnen mir eingepflanzter Vorsatz – Pfarrer zu werden, hat sich in der Reihe der Jahre nach manchen Zweifeln und Ungewissheiten nun doch immer mehr in mir gefestigt, sodass ich nun fest entschlossen bin, diesen schweren Beruf [...] zu wählen, wobei natürlich die Aussicht, Sie inmitten Ihrer Gemeinde zu besuchen, einen erhöhten Reiz für mich gewonnen hat.*

In Otto Schlier wie in seinem Vater Wilhelm und seiner Mutter Sophie sah Franz Marc Menschen, denen es gelang, ihr christliches Gerufensein in einem geistigen wie gläubig tätigen

Sinne zu leben. Sein Vater etwa ertrug die schwere Erkrankung mit viel Geduld. Die sich in jungen Jahren entwickelnde Vorstellung von einem Einssein mit Gott weicht im späteren Leben Franz Marcs allerdings der idealisierten Vorstellung von einem Einssein mit dem Kosmos. Es ist erstaunlich, wie viel er von früher Jugend an gelesen und wie tief bewegt und sinnsuchend er sich dabei mit literarischen, philosophischen, religiösen und sozialen Themen sowie bald auch mit den Fragen der Kunst und des Künstlertums auseinandergesetzt hat. Besonders die Beschäftigung mit den Werken des radikal-aufklärerischen Philosophen Friedrich Nietzsche (1844–1900) scheint einen Wandel bewirkt zu haben, denn bald muss Franz sich eingestehen, dass er doch kein Pfarrer werden will, obwohl diese Berufswahl der Mutter gefallen hätte. Er bekennt Mitte 1898, dass er alle Lektüre *zugunsten Nietzsches* zurückgelegt hat. *Zarathustra ist ein Werk poetischer und gedanklicher Pracht, fast ohnegleichen in seiner Fülle. ›Jenseits von Gut und Böse‹ und ›Zur Genealogie der Moral‹ haben mich sehr erschüttert. [...] Ich wurde mir über vieles klar, was ich nur in Andeutungen, Ahnungen und Instinkten selbst gefühlt und gedacht habe. Und ich bin in meinem ganzen Christentum und mit Nietzsche eins geworden.*

Vor allem die von Nietzsche in den Mittelpunkt gerückte willentliche Selbstbestimmung des Individuums wird es Franz Marc angetan haben. Er schreibt nämlich bereits am 25. März 1898 an Otto Schlier: *In erster Linie: Ich bin Künstler. Was ich betrachte, gilt mir notwendig gut oder bös nach der Betrachtung eines Künstlers. [...] Jeder Künstler ist in irgendeinem Sinne Selbstschöpfer, weil er seine Persönlichkeit herausarbeitet, in einen besonderen harmonischen Klang bringt mit der ihn umgebenden Welt.*

Das mag für einen 18-jährigen Gymnasiasten etwas hochtrabend formuliert sein, aber es lässt seine hier noch nicht getroffene berufliche Entscheidung, Maler zu werden, erstmals aufleuchten. Auch das während der Jahre 1884 bis 1893 fast regelmäßig aufgesuchte Sommerdomizil der Familie Marc in Kochel am See (Franz Marc Museum, s. S. 157), südlich von München, hat Franz die Natur, genauer, die Landschaft und die Tiere dort nähergebracht, die ihm in seiner Malerei so wichtig werden sollten. Zudem hat er am Beispiel des Vaters erlebt, wie ein Künstler diese stimmige Welt in sich aufnahm. Nahezu vorausschauend hat Wilhelm Marc seinen Sohn Franz in einem Ölbild aus der Zeit um 1895 wiedergegeben, ganz in eine auf dem Tisch liegende Holzarbeit vertieft.

Franz Marc wollte nach dem Abitur seinem Bruder Paul folgen und ebenfalls Altphilologie an der Münchener Ludwig-Maximilians-Universität studieren, an der sich ab 1903 auch Frauen immatrikulieren konnten (s. S. 32). Die Universität war 1802 nach dem Bayernherzog Ludwig dem Reichen (reg. 1450–79) und dem bayerischen Kurfürst Maximilian IV. Joseph, dem nachmaligen ersten bayerischen König (s. S. 13), benannt worden. Ihre Gründung im Jahr 1472 (allerdings zu Ingolstadt) geht auf Ludwig den Reichen zurück.

Franz hatte allerdings ein Jahr Zeit zum Nachdenken, wollte er doch vor Beginn des Studiums seinen Wehrdienst als sogenannter »Einjährig-Freiwilliger« im Militärlager Lechfeld, südlich von Augsburg, ableisten, und zwar beim Königlich Bayerischen 1. Feldartillerie-Regiment. Sich für ein Jahr freiwillig zur militärischen Grundausbildung zu melden, hieß nicht, dass die Wehrpflicht aufgehoben war, sondern gestand jungen Männern mit einem höheren schulischen Abschluss nur einen gewissen zeitlichen Spielraum zu. Während der Grundausbildung und der Ausbildung zum Geschützführer lernte Franz Marc auch das Reiten, was ihm letztlich im Ersten Weltkrieg zum Verhängnis werden sollte (s. S. 149). Und er traf in dieser ersten Militärzeit, die exakt vom 1. Oktober 1899 bis zum 30. September 1900 dauerte, die endgültige Entscheidung, was seinen zukünftigen Beruf anbelangte. *Das Militärjahr kam genau zur rechten Zeit, als mein früheres Leben notwendig eines Interregnums bedurfte, um sich unvermerkt in etwas ganz Neues umzuwandeln.*

Das Neue war so neu freilich nicht, denn eine Neigung zum Künstlertum war in ihm ja schon vorhanden. Neu war jetzt, dass er den Beruf seines Vaters ergreifen wollte, denn er wollte wie er Maler werden. Am 21. Juni 1900 schreibt er beinahe entschuldigend an Pastor Otto Schlier nach Schney, wie seltsam es wirken mag, dass er *im Laufe von drei Jahren zuerst Pfarrer, dann*

Philologe und schließlich Maler werden will. Es mögen diese raschen Wechsel wohl etwas erbärmlich und zweifelhaft erscheinen; ich habe das Gefühl dafür sehr wohl auch. Ein besseres Gefühl in mir aber sagt mir, dass es der einzige Weg für mich war, um ohne Zweifel und zu große Qual zu meinem rechten Beruf zu gelangen. Der schriftliche Kontakt zwischen dem Mentor und seinem »Schüler«, ja, vermutlich der Kontakt generell, beginnt sich dem Ende zuzuneigen. Franz Marc hatte seine Selbstbestimmung erreicht.

Auch von seinem Bruder Paul, mit dem zusammen er 1901 eine Italien- und noch 1906 eine Griechenlandreise (s. S. 34) unternimmt, beginnt er sich langsam zu lösen, zumal sich der Bruder für die akademische Forscherlaufbahn entschieden hat und auch in Liebesdingen seinen eigenen Weg geht. Er heiratet im Jahr 1903 Helene Dennerlein (gest. 1965), die Tochter des aus dem oberpfälzischen Mitterteich stammenden Bildhauers Thomas Dennerlein (1847–1903). Der von Franz Marc während seines ersten Paris-Aufenthalts (s. S. 24) am 19. Juli 1903 geschriebene Brief an Paul Marc, worin der Trennungsgedanke deutlich zum Ausdruck kommt, ist erhalten geblieben. *Ich weiß nicht, was in diesem Brief stehen wird; was ich Dir schreiben soll in diesen Tagen, die nun definitiv die neue Lebensordnung für Dich und damit für uns beide einleiten! Denn ich bin leider überzeugt, dass unsere Wege von nun ab sich im besten Falle zuweilen oder auch häufig kreuzen werden, aber nie mehr nebeneinanderlaufen werden, wie sie es doch bisher getan.* Er schilderte Paul seine Paris-Eindrücke sehr plastisch und empfahl ihm einen Besuch der Stadt. *Im Übrigen weißt Du, dass Dich und Helene meine aufrichtigsten Wünsche jederzeit begleiten.*

BEGINN DER KARRIERE

Im Oktober des Jahres 1900 war es so weit: Franz Marc schrieb sich an der Münchener Akademie der Bildenden Künste ein, um wie sein Vater dort Malerei zu studieren. Ob Franz genügend Talent besaß, musste sich nun erweisen. Er kam zunächst in die Zeichenklasse des Professors Gabriel von Hackl (s. S. 13), bei dem er lernte, die menschliche Anatomie diszipliniert wiederzugeben. Richtig ans Malen ging es ein Jahr danach in dem von Professor Wilhelm von Diez (s. S. 13) angebotenen Malkurs. Obwohl Diez stärker als Hackl auf die Farbigkeit der Bilder setzte (Kolorismus), blieb die vermittelte Malweise doch der akademischen Malerei und der Atelierkunst verhaftet. Vom Impressionismus, der die moderne französische Kunst zu jener Zeit bestimmte, war an der Akademie noch nichts zu spüren.

Der Impressionismus in der Malerei

Mein Verdienst war lediglich, dass ich direkt nach der Natur gemalt habe, indem ich danach strebte, meine Impression der flüchtigen Effekte wiederzugeben, schrieb der Maler Claude Monet (1840–1926) kurz vor seinem Tod. In diesem einen Satz sind die Hauptmerkmale genannt, welche den Impressionismus charakterisieren. Seine Vertreter interessieren sich nicht für den Gegenstand an sich, sondern für seine momentane Wahrnehmung im Auge des Künstlers, also für den unmittelbaren Sinneseindruck, die »Impression«.

Nach traditioneller akademischer Auffassung eignete sich nur etwas Wahres und Allgemeingültiges und somit etwas von bleibender Bedeutung als Thema eines Kunstwerks. Die Impressionisten dagegen halten die Stimmung eines Augenblicks fest: eine Landschaft, wie sie zu einer bestimmten Tageszeit erscheint, Tänzerinnen in einer reizvollen Pose während des Tanzes oder eine junge Frau in einer Loge, die gerade fasziniert auf die Bühne schaut. Dabei kommt es auf das Spiel des Lichts und die zufällige Bewegung an. Nicht einmal der Mensch wird um seiner selbst willen dargestellt, sondern eben als »Impression«, als eine sich permanent verändernde Erscheinung.

Die Erfassung des Augenblicks lässt keine Zeit für eine genaue, detailgetreue Malweise. Schnell hingeworfene Pinselstriche und ungleichmäßig verteilte Farben, die auf der Leinwand unverstrichen bleiben, können den Eindruck eines rasch vergehenden Moments besser vermitteln. Die wichtigste Neuerung des Impressionismus ist aber die häufige Verwendung von reinen, unvermischten Farben. Hierbei treten an die Stelle der natürlichen Farben individuelle Farbeindrücke. Ein rotes Ziegeldach nimmt das gelbe Flimmern der Umgebung an, und die Farben einer Wiese wirbeln so durcheinander, dass dieselbe goldgelb funkelnd erscheint. In diesem Tanz der Farben verlieren die Gegenstände auch ihre klaren Konturen.

Die erste Ausstellung dieser neuen Stilrichtung findet 1874 in den Räumen des Fotografen Nadar (Gaspard-Félix Tournachon; 1820–1910) in Paris statt. Bedeutende Vertreter des Impressionismus sind neben dem bereits genannten Claude Monet u. a. Auguste Renoir (1841–1919), Jacob Abraham Camille Pissarro (1830–1903), Alfred Arthur Sisley (1839–1899) und Edgar Degas (1834–1917).

Mit dem Impressionismus endet die traditionelle akademische Malerei. Seine Vertreter halten sich aber nach wie vor an die klassischen Gesetze der Form- und Farbgebung und bezeichnen sich selbst als »Realisten«.

Auch Franz Marc blieb erst einmal dem in der Akademie gepflegten und gelehrten Stil treu, wobei aus seinen frühen Jahren nur wenige Bilder erhalten sind. In den Jahren 1901 und 1902 zieht es ihn sommers zum Malen auf die Staffelalm, die oberhalb von Kochel am See liegt (südöstl.), dem Ferienort der Kindheit und Jugend (s. S. 19f.). Die dort entstandenen Bilder zeigen die Alm, Schafe oder eine Gebirgslandschaft. Ein bekanntes Ölgemälde aus dem Jahr 1902 gibt eine Moorlandschaft mit Moorhütten im Dachauer Moos (nördl. v. München) wieder. Der Maler arbeitet darin die Naturdetails, wie die Stämme und Blätter der Bäume, mit feinen Pinselstrichen akribisch heraus, wobei er dunkle Brauntöne vorherrschen lässt. Die weite, fast erhaben wirkende Landschaft erinnert ein wenig an die Bilder Caspar David Friedrichs (1774–1840), in denen der Natur eine religiöse Sinnbildlichkeit verliehen wird.

Für den Sommer 1903 war einer schriftlichen Einladung des Senners Johann Müller zufolge wohl ein erneuter Besuch auf der Staffelalm geplant, doch Franz Marc bricht zum ersten Mal aus: Die Einladung seines aus Mannheim stammenden Studienkollegen Friedrich Lauer (geb. um 1873), eine Reise durch Frankreich zu unternehmen, war weitaus verlockender. Schließlich war Franz Marc mit dem Französischen vertraut, da er durch seine Mutter Sophie zweisprachig aufgewachsen war. Er nannte sie immer »Maman«; auch sein Reisetagebuch, in dem er das Wichtigste über die Frankreich-Tour festhält, ist in französischer Sprache geschrieben.

Im Mai ging es los, und zwar direkt nach Paris, einem Zentrum der Moderne. Schon am zweiten Tag besichtigten die beiden Reisenden den Louvre, um die Kunst der alten Meister zu studieren. Die Bilder der neuen Maler, der Impressionisten, waren im Palais du Luxembourg und in den Galerien ausgestellt. Diese Bilder hatten es ihnen am meisten angetan. Selbst für japanische Holzschnitte, die in Paris angeboten wurden, konnte sich Franz Marc begeistern. Die beiden genossen die Stadt, die erheblich mehr als nur Kunst zu bieten hatte. Das Theater, die Oper, die Cafés, die Pferderennbahn, die Restaurants und Markthallen erregten ihre Aufmerksamkeit. *Im Übrigen: für moderne Zeichner und Maler, Illustratoren etc. ist Paris überwältigend groß und interessant. Es ist hier alles publik. Man freut sich, gesehen zu werden. ›Es ist eine Lust zu leben‹.* Franz verliebte sich während dieser Wochen sogar in Marie, ein 17-jähriges Mädchen.

Ausflüge nach Versailles oder Chartres schlossen sich an. Marc und Lauer besichtigen drei Loireschlösser und fahren Ende Juli über Tours, Nantes und andere Städte für vier Wochen in die Bretagne. Besonders die Melancholie der Heidelandschaft mit ihren Nebeln und ihren weidenden Schafen und Pferden beeindruckte Franz Marc, aber auch das Meer, das er noch nie gesehen hatte, sowie die Künstlervereinigung von Pont-Aven (s. S. 25).

Erst im Herbst, nach einer weiteren Woche in Paris, kehren Marc und Lauer nach München zurück. Zwar hat Franz Marc während der Reise nur wenig gezeichnet und gemalt, aber er war zu dem Entschluss gekommen, die Ausbildung an der Münchener Kunstakademie nicht zu verlängern. Das immerhin hatten die neuen Kunstvorstellungen bewirkt: Die Akademie konnte seiner künstlerischen Sehnsucht nichts mehr bieten.

Paul Gauguin und die »Schule von Pont-Aven«

Der französische Maler Paul Gauguin (1848–1903) brachte in seinen Werken Gefühle vor allem durch Formen und Farben zum Ausdruck. Es kam ihm auf den geistigen Gehalt eines Bildes an, der über das dargestellte Motiv hinausgeht und sich vom Betrachter intuitiv erfassen lässt. Gauguin wurde dabei stark von religiösen Ideen beeinflusst. Er verstand die Mythen der Völker als Projektionen seelischer Urbilder. Besonders die Volkskunst Tahitis – Gauguin verbrachte dort seinen letzten Lebensabschnitt – faszinierte ihn.

In dem südbretonischen Dorf Pont-Aven, wo er 1886 malte, sammelte sich um ihn und den Maler Émile Bernard (1868–1941) eine Reihe von Anhängern. So entstand die »Schule von Pont-Aven«, worunter man die Gemälde jener Künstler zusammenfasst, die in den Jahren 1886 bis 1896 hier und im nahe gelegenen Dorf Le Pouldu arbeiteten.

Die Künstler von Pont-Aven überwanden den Impressionismus (s. S. 22f.) durch Aufgabe der Freilichtmalerei bereits wieder. Die Bilder sollten vielmehr aus der Erinnerung entstehen. Damit ließ sich das Geschaute auf das Wesentliche reduzieren. Farben und Formen sollten unabhängig von der äußeren Wirklichkeit bleiben, sodass die Gefühlsstimmung des Künstlers ungehindert in das Bild einfließen konnte.

Gauguin und Bernard bezeichneten diese Darstellungsweise als »Synthetismus«, weil in ihr die Wirklichkeit durch das Zusammenfügen verschiedener Momente, wie Motiv, Form, Farbe und Gefühl, wiedergegeben wird.

3 Freier Künstler und »freier Mann«

ART NOUVEAU

Als sich der Maler Franz Marc zu Beginn des Jahres 1904 selbstständig machte, indem er ein Gartenhaus in der Münchener Kaulbachstraße als Atelierwohnung mietete, wirkte in seinen Bildern der Stil der Impressionisten nach, der ihn in Paris so beeindruckt hatte. Ein Beispiel dafür ist das im selben Jahr entstandene Gemälde »Indersdorf« (Marktgemeinde nordw. v. München). Es zeigt ein historisches klösterliches Gebäude mit scheunenartigen Anbauten sowie einem Nutzgarten und einer Wasserfläche davor. Marc vereinfachte die Linien und Farben und setzte auf die leuchtende Wirkung der nur mit Farbflecken angedeuteten Wäschestücke, die zum Trocknen über einen Holzzaun gehängt sind.

Bedeutender als der Impressionismus erwies sich in den folgenden Jahren freilich Marcs Begegnung mit dem Jugendstil – wofür das Bild »Rehe in der Dämmerung« aus dem Jahr 1909 ein Beispiel ist –, obwohl dieser für ihn nur eine Wegmarke auf seiner Suche nach der eigenen Ausdrucksform war. Der Jugendstil (Art nouveau) ist ein sezessionistischer, also ein sich »abkehrender« oder »abspaltender« Stil, der sich gegen die im 19. Jahrhundert gepflegten historisierenden Gestaltungsweisen mit ihren Symmetrien (z. B. in der Architektur) wandte und am Übergang zum 20. Jahrhundert stark verbreitet war. Sein wesentliches Merkmal sind die geschwungenen, ornamentalen resp. floralen Formen sowie das Bestreben, die neuen künstlerischen Mittel auch an funktionalen Gebäuden und in alltäglichen Gegenständen zur Geltung zu bringen, und das nicht ohne einen Hauch von Romantik. Die Art nouveau entwickelte sich in diversen europäischen Ländern auf je eigene Weise – wie etwa durch die sich als »Secession« bezeichnenden neuen Künstlervereinigungen in München (1892), Wien (1897) oder Berlin (1898) – und führte zu einer Popularisierung der Kunst. Zeitgeschichtlich gehört diese Stilrichtung dem sogenannten Fin de Siècle und damit einer pessimistisch-dekadenten Stimmung an, die sich gleichsam dem Ende einer kulturel-

Indersdorf. – Öl auf Leinwand, 40 x 31,5 cm, 1904.
Städtische Galerie im Lenbachhaus, München.

len Epoche hingab und die Zeit vor dem Ersten Weltkrieg kennzeichnete. Der deutsche Begriff »Jugendstil« geht auf die Zeitschrift »Jugend« zurück, mit der Franz Marc bald in Kontakt kam.

»Jugend«

Die Kunst- und Literaturzeitschrift »Jugend. Münchner illustrierte Wochenschrift für Kunst und Leben« wurde von dem Schriftsteller Fritz von Ostini (1861–1927) und dem Münchener Verleger Georg Hirth (1841–1916) gegründet und erschien erstmals 1896. Die Kunstrichtung des Jugendstils verdankte ihr den Namen, zumal München ein Zentrum dieser Kunstbewegung war. Doch die Zeitschrift ging nicht nur auf diesen Stil ein, sondern beschäftigte sich auch mit anderen fortschrittlichen Kunstrichtungen wie z. B. dem Impressionismus. Zudem veröffentlichte die Wochenschrift satirische und kultur-kritische Artikel. Für die »Jugend« zeichneten neben vielen anderen Künstlern Lovis Corinth, Ferdinand Hodler, Angelo Jank, Alfred Kubin, Marie Schnür, Franz von Stuck, Max Slevogt, Heinrich Vogeler oder Heinrich Zille. Unter den Autoren finden sich so illustre Zeitgenossen wie Peter Altenberg, Maxim Gorki, Hermann Hesse, Selma Lagerlöf, Christian Morgenstern, Erich Mühsam, Alexander Roda Roda oder Jakob Wassermann.

Die gestalterischen Möglichkeiten des Jugendstils regten Franz Marc dazu an, für eine von ihm und vielleicht von Annette von Eckardt (1871–1934, s. S. 31), seiner ersten Geliebten, geplante Lyrikausgabe mit Gedichten zeitgenössischer Autoren des Fin de Siècle Zeichnungen zu ausgewählten Texten anzufertigen. Wirklich konkret scheint dieser Plan jedoch nicht geworden zu sein, denn Marc bringt es innerhalb von einigen Jahren »nur« auf 18 Zeichnungen in ganz unterschiedlichen Maltechniken (wie Kohle, Bleistift, Kreide, Tusche, Wasserfarben etc.). *Bis jetzt glaube ich noch an keinen Verleger, freue mich aber doch, dass die Illustrationen gemacht sind; einmal wird man sie schon verwerten können*, teilt er 1909 seinem Bruder Paul mit. Annette von Eckardt wird diese von ihr nachkolorierte kleine Sammlung 1917, also posthum, unter dem Titel »Stella Peregrina« (= Fremder Stern) als gedruckte Blätter veröffentlichen (s. S. 149).

Eine Fühlungnahme mit der Malergruppe »Die Scholle« (s. S. 29) veranlasste Franz Marc Anfang 1906, sich in der Jugendstilmalerei zu üben, wozu er als Sujet die verschneite Landschaft nahe dem geliebten Kochel am See nutzte. Eines der Bilder bot er der Zeitschrift »Jugend« zum Abdruck an, woraufhin ihm die Redaktion – allerdings erst nach knapp einem Jahr – eine Absage erteilte. So erging es ihm auch mit anderen seiner Bilder. Marc war es in der Auseinandersetzung mit dem Jugendstil um die, wie die Historikerin Katja Förster formuliert, *expressive Wirkung der reinen Linie und der reinen Kontur* zu tun, *die in ihrem übergegenständlichen Ausdruck das Motiv in ein Sinnbild zu transformieren begannen.*

»Die Scholle«

Der Münchener Kunstbetrieb wollte seit dem Erfolg der internationalen Kunstausstellungen, die 1869, 1874, 1879 und 1888 in München stattgefunden hatten, nach dem Vorbild der Pariser Salons jährlich eine Ausstellung veranstalten. Um der daraus möglicherweise resultierenden künstlerischen Verflachung und Übersättigung des Publikums zu begegnen, hatte eine Gruppe von Künstlern 1892 die Vereinigung »Münchener Secession« ins Leben gerufen. (s. S. 26)

Ihnen kam es weniger auf eine einheitliche Stilrichtung an, sondern darauf, die vorherrschende künstlerische Hierarchie aufzulösen, an deren Spitze die Historienmalerei stand, und alle Kunststile in einen fruchtbaren Dialog zu bringen. Ihre Gestaltungsweise setzte sich aus dem Impressionismus, dem Symbolismus und dem Jugendstil zusammen. Zu den Gründungsmitgliedern zählten u. a. Peter Behrens (1868–1940), Lovis Corinth (1858–1925) und Franz von Stuck (1863–1928).

Im November 1899 formierte sich hauptsächlich unter den Mitgliedern der »Münchener Secession« die Künstlervereinigung »Die Scholle«. *Ihr gilt das als Ausstellungswert [!] und repräsentabel, was in reiner künstlerischer Absicht geschaffen wurde, und sie wertet das Gelingen einer Arbeit nicht nach der erreichten Gefälligkeit des Bildes, sondern sie misst es an der Größe der gestellten Aufgabe.* Diese Worte schrieb der Schriftsteller Fritz von Ostini (s. S. 27) in einem Aufsatz, der 1906 in der Zeitschrift »Die Kunst« publiziert wurde. Jeder sollte seine künstlerische Individualität entfalten können. In der »Jugend« (Jg. 1903 Band II, Nr. 42) hieß es dazu: *Die »Scholle« hat kein anderes gemeinsames bewusstes Ziel, keine andere Marschroute und Parole, als die Forderung an ihre Mitglieder, dass jeder seine eigene Scholle bebaue, die freilich auf keiner Landkarte zu finden ist.*

DIE DREI FRAUEN DES BOHEMIEN

Der Bohemien mag ein Künstler sein, der sich voller Leidenschaft seiner Kreativität hingibt sowie der Selbst- und Sinnsuche frönt, oder er mag jemand sein, der recht bürgerlich und womöglich etwas zu bieder erzogen wurde und nun gegen die ihm eingepflanzten Familien- und Gesellschaftsnormen rebelliert. Ihren Ursprung hat diese »Titulierung« in dem Wort »Böhmen«, und sie drückte anfänglich das ab dem späten Mittelalter sich einschleichende Misstrauen gegenüber dem aus Böhmen kommenden »Fahrenden Volk« oder auch die Angst vor den radikalen Hussiten aus, die in den nach ihnen benannten Glaubenskriegen des 15. Jahrhunderts die angrenzenden Länder bedrohten. Die Begriffe »Bohème« (als Lebensform) und »Bohemien« erfuhren im Frankreich des 19. Jahrhunderts eine positive Umdeutung hin zu einem unabhängigen Künstlerdasein, das zur Zeit Franz Marcs in vielfacher Weise im Münchener Stadtteil Schwabing zu finden war.

Die Anzahl der Künstler aller Richtungen war in der Kunststadt München immens. Und da Franz Marc seit 1904 in Schwabing wohnte, kam er als angehender Maler mit der damaligen Kunstszene in Berührung; ja er begann, sich auf ein sehr ungezwungenes Leben einzulassen, und das nicht zuletzt in seiner Beziehung zu Frauen. Doch die Leichtigkeit, mit der er lebte, war nur eine scheinbare. Tatsächlich war er während der folgenden Jahre ziemlich wankelmütig in seinem privaten und beruflichen Werdegang, weil er sich in der ihm eigenen Beeinflussbarkeit mit letztgültigen Entscheidungen schwertat. Er hatte jetzt schon etwas von einem Getriebenen an sich und war oftmals sehr melancholisch und geradezu depressiv. Als Maler litt er darunter, dass seine Kunst noch unvollkommen war, als Künstler litt er unter der enormen Konkurrenz, als durchaus begehrter Mann war er nicht nur mit einer Frau, sondern gleich mit dreien liiert, und als Mensch bedrückte ihn so etwas wie Lebensangst. Letzteres gesteht er Marie Schnür, einer der drei Frauen, in seinem Brief vom 17. Juni 1906 aus Kochel ein: *Und wenn Sie erstaunt fragen von was ich denn befreit sein will, so sollen Sie's auch hören: von meiner* Angst; *ich kann so oft eine sinnbetörende Angst empfinden, auf dieser Welt zu sein; ich glaube, es ist etwas wie der Panschrecken, der über einen kommt, man muss sich Götter schaffen, zu denen man beten kann.*

Annette von Eckardt resp. Annette Simon war die erste Frau, die ihn vollkommen für sich einnehmen konnte. Das geschah 1904. Sie war neun Jahre älter als Franz, verheiratet mit Richard Simon (1865–1934), einem Professor für Indologie, und hatte zwei Töchter im Kindesalter. Es war ein offenes Geheimnis, dass ihre Ehe nicht glücklich verlief. Zudem brachte Annette sehr viel Verständnis für einen jungen, aufstrebenden und lebenshungrigen Künstler mit. Schließlich war sie selbst Schriftstellerin und Malerin sowie Antiquitätenhändlerin und Kopistin (u. a. der »Bamberger Apokalypse«). Sie und Franz Marc verband mehr als nur eine leidenschaftliche Zuneigung.

Da jedoch eine Scheidung für Annette nicht infrage kam, beendete sie wohl Ende 1905 die Affäre mehr oder weniger konsequent, was ihr sehr schwerfiel, aber nichts an der tiefen Freundschaft zwischen den beiden änderte. Sie war es auch, die immer wieder dafür sorgte, dass Franz etwas verdienen konnte. So vermittelte sie ihm Aufträge und antiquarische Geschäfte. Darüber hinaus zahlte sie die Miete für seine Atelierwohnung und seine Malutensilien. Ob ihm auch die Eltern oder sein Bruder Paul gelegentlich etwas zusteckten?

In den Sommern der Jahre 1904 und 1905 findet sich Franz Marc erneut auf der Staffelalm ein. Außerdem beginnt zwischen ihm und dem ursprünglich aus der Schweiz stammenden Tiermaler Jean-Bloé Niestlé (1884–1942), dessen Arbeiten er sehr bewundert, eine wahre Künstlerfreundschaft, die Marc mit zu einem ausgereiften Stil bei den eigenen Tierbildern verhelfen wird. Das kleinformatige Ölbild »Der tote Spatz« (1905) ist ein frühes Beispiel dafür. Die in Brauntönen gehaltenen Linien sind – gleichsam im Widerspruch zu dem abgebildeten toten Vogelkörper – lebendig und voller Spannung. *Wir besuchten dann einen jungen Kollegen, M.* Niestlé; *es ist ein ganz weltscheuer, blutjunger französischer Tierzeichner von einer so genialen Melancholie, dass es einen krank macht, wenn man seine Sachen sieht.*

Und der Reigen setzte sich fort: Marie Schnür (geb. 1869) und Maria Franck (1876–1955) waren beide Mitglieder einer im Jahr 1884 eröffneten »Damenakademie«; Marie als Lehrende, Maria als Lernende. Diese Akademie war Teil des Münchner Künstlerinnen-Vereins, dessen Gründung im Rahmen der Frauenbewegung zwei Jahre davor erfolgt war. Da Frauen, die sich zu Kunstschaffenden ausbilden lassen wollten, das Studium an einer staatlichen Kunstakademie zu jener Zeit noch verwehrt war, hatten sie nur die Möglichkeit, sich an eine private Akademie oder Malschule zu wenden.

Maria Franck

»Goldmarie«, »Marienkindlein«, »goldgelbe Löwin« wurde sie genannt. Nicht nur das *wundervolle, dicke, goldblonde Haar, das sie in einem schweren Knoten aufgesteckt trug,* und das gelöst tief an ihrem Rücken herabwallte, muss beeindruckend gewesen sein, auch ihre Liebenswürdigkeit, Hilfsbereitschaft und ihre Warmherzigkeit gaben ihr eine besondere Ausstrahlung. Bertha Pauline Maria Franck wurde am 12. Juni 1876 in Berlin geboren und wuchs dort in gutbürgerlichen, stattlichen Verhältnissen auf. Ihr Vater Philipp Franck (1848–1913) hatte seine berufliche Karriere als Buchhalter begonnen und brachte es schließlich bis zum Bankdirektor. Unter seinen Vorfahren gab es zwei Generationen vorher einen Porträt- und Historienmaler gleichen Namens; und Marias Mutter Helene, geborene Sonntag (1855/56–1921), konnte ebenfalls ansprechend zeichnen. Wilhelm Franck (1879–1914) war der jüngere Bruder Marias.

Nach dem für höhere Töchter üblichen Besuch des Lyzeums wurde Maria an der Königlichen Kunstschule in Berlin eine Ausbildung zur Zeichnerin erlaubt, die sie 1895 mit einem guten Prüfungsergebnis beendete. Anschließend verbrachte sie mehrere Jahre im elterlichen Haus und war auch noch viele Jahre danach auf die finanzielle Unterstützung durch ihre Eltern angewiesen, was letztlich sogar Franz Marc zugute kam. 1899 zählte

Maria dann zu den Malschülerinnen im »Damenatelier« des Malers und Illustrators Karl Storch (1864–1954), der später Professor an der Königsberger Kunstakademie wurde. Regelmäßig nahm sie an den ländlichen Sommeraufenthalten teil, um die Plenair-Malerei (das Malen im Freien) zu erlernen. An Weihnachten 1902 entsprachen ihre Eltern endlich Marias Wunsch, zum heiß ersehnten Malstudium nach München zu gehen. Hier trat sie in die »Damenakademie« des Münchner Künstlerinnen-Vereins ein und belegte Unterrichtsstunden beim Maler Max Feldbauer (1869–1948), einem Mitglied der Künstlergruppe »Die Scholle« (s. S. 29), sowie bei Marie Schnür.

Maria Franck nahm den Namen Franz Marc erstmals wahr, als ein Freund vom »stadtbekannten« Verhältnis zwischen Annette von Eckardt und dem Maler sprach. Zufällig getroffen hat Maria ihn bei einer Schwabinger »Bauernkirchweih« Anfang des Jahres 1905. Dort hat er sich mit einer »Kollegin« Maria Francks unterhalten, wobei er Maria länger beobachtet haben soll. Sie blieben jedoch vorerst noch Fremde füreinander. Auch die Lehrerin Marie Schnür dürfte Franz Marc zu diesem Zeitpunkt nicht mehr ganz unbekannt gewesen sein.

Schätzungsweise nur einige Wochen später lernten sich Franz und Maria richtig kennen, und zwar im Rahmen einer Einladung von Marie Schnür und einer kleinen Intrige derselben. Diese nämlich war verliebt in Angelo Jank (1868–1940), einen Lehrer an der »Damenakademie« sowie Grafiker und Tiermaler; Jank war jedoch an einer jüngeren, namentlich nicht mehr bekannten Studentin interessiert. Marie wollte deshalb Franz Marc auf diese Studentin ansetzen; der aber redete den ganzen Abend über mit Maria Franck. Sie war ebenfalls Angelo Jank zugetan, wenn auch erfolglos. Denn aus Marie und Angelo sollte bald ein Liebespaar werden – mit dem Ausgang, dass sie schwanger von ihm wurde, er die Vaterschaft nicht anerkannte und außerdem bereits seit 1904 verheiratet war. Marie Schnür fürchtete wohl, als ledige Frau mit einem unehelichen Kind ausgegrenzt zu werden. Die Geburt ihres Sohnes Klaus im Februar 1906 fand daher heimlich in Paris statt. Das Kind wurde gleich danach an eine Pflegefamilie in Eisenach gegeben; denn Marie wollte sich erst zielstrebig nach einem Ehemann umsehen, bevor sie ihren Sohn wieder zu sich nehmen konnte. Auch bei Franz Marc, der ihr nicht unsympathisch war, fragte sie an und entlockte ihm in seiner Gutmütigkeit wohl eine Art Versprechen, sie zu ehelichen.

Dabei war er doch auf Maria Franck fixiert und noch nicht frei Annette von Eckardt gegenüber. Jedenfalls wollte er nach dem oben geschilderten intriganten Fest bei Marie unbedingt Maria wiedersehen. Diese hatte zwischenzeitlich allerdings zu ihren Eltern nach Berlin fahren müssen, wo sie sich deren Aufforderung, nicht mehr nach Bayern zurückzukehren, vehement widersetzte, sodass sie im Dezember 1905 erneut in München ankam. Und prompt traf sie Franz Marc auf einem Ball, genauer: auf einem Bauernball wie schon beim allerersten Mal. Dieser Dezemberabend war der Beginn ihrer Beziehung.

AUF ENGSTEM RAUM

Nun zwischen Maria und – in zunehmendem Maße – Marie stehend, gleichzeitig aber immer noch am kürzlich erfahrenen Verlust Annettes leidend, kam es ihm sehr gelegen, Anfang April 1906 mit seinem Bruder Paul, dem Byzantinisten, eine Studienreise nach Griechenland unternehmen zu können. Paul Marc wollte in Athos-Klöstern historische Schriftstücke einsehen. Für Franz war es eine Flucht. Die Briefe, die er an Maria schreibt, sind ziemlich verhalten oder voller Trauer um Annette: *Die Wunde, die mir das Schicksal geschlagen, blutet und blutet; ich fühle es, ich werde noch viele Thränen zwischen Deinen treuen guten Brüsten weinen und Du wirst sie mir vergeben müssen, Du Gute.* Wie ganz anders klingt da ein Brief an Marie: *Seien Sie Freund zu mir, so tief Sie's können! Ich will es sicher sein; ich habe Menschen wie Sie lieb. Und wenn es wahr ist, dass ich mir zu viel an Freundschaft- und Liebegeben zutraue, – welches Gefühl sagt Ihnen, dass* Sie *unter dies zu viel gehören? Ich küsse Ihre Hände.* Beide Frauen sind wiederum älter als er.

Kaum ist er im Mai aus Griechenland zurück, zieht es ihn nach Kochel am See, um für sich zu sein und zu malen. Doch er hält die Einsamkeit nicht lange aus und ruft Maria herbei, die zwar zu ihm kommt, aber nicht überglücklich ist, weil Franz Marc eben nicht ganz für sie frei war. Und was macht er gleich darauf? Er ruft auch noch Marie herbei und beginnt, als gäbe es nicht schon genug Konfusionen, mit ihr ein Liebesabenteuer. Für Maria gewiss eine äußerst schmerzhafte Zeit, die sie jedoch aus Zuneigung zu ihm durchsteht.

Marc versucht sich über Monate an einem Gemälde, das beide Frauen vereint – und wird das unfertige Bild in München zerstören. Nur die farbige Skizze »Zwei Frauen am Berg« (S. S. 36),

Skizze »Zwei Frauen am Berg«

Marcs Dreiecksbeziehung mit Marie Schnür und Maria Franck drückt sich in dieser Skizze aus, die im Sommer 1906 auf den Wiesen bei Kochel entstanden ist. Ein Vergleich mit den »Moorhütten im Dachauer Moos« von 1902 (s. S. 23) beweist hier die bereits ganz andere Auffassung der Landschaft. Die großen Pinselstriche lassen Detailtreue nicht mehr zu. Keinerlei Einzelheiten sollen vom Gesamteindruck der Stimmung ablenken. Die beiden Frauen bleiben auf ihre Charakterzüge reduziert. Die Offenheit und der Erlebnisdrang Marie Schnürs (im Vordergrund) werden durch ihr aufrechtes Sitzen und den über die Wiese hingeworfenen Rock vermittelt. Das grelle Rot des darauf in Farbflecken angedeuteten Musters und besonders die rote Schleife an ihrem Haar lenken die Aufmerksamkeit des Betrachters sofort darauf. Auch die Hände sind, der Natur widersprechend, in Rottönen gehalten. Maria Franck dagegen liegt im Hintergrund, den Kopf auf den linken Arm gestützt, das Antlitz halb unter dem breiten Sonnenhut verborgen. Die warme Rottönung ihres Gesichts zeigt die ihr eigene Schüchternheit, während das helle Kleid ihr sanfteres Wesen andeutet.

Franz Marc zerstörte das noch nicht vollendete Bild, für das er diese Skizze angefertigt hatte: Zwei Frauen am Berg. – Öl auf Leinwand (Skizze), 15 x 24,7 cm, 1906. Franz Marc-Museum, Kochel am See.

der von Marc »Thränenhügel« genannt wurde, ist erhalten. Zudem existieren einige Aktfotos von den Frauen, auf denen Marie sich selbstbewusst gibt und Maria verunsichert oder beschämt wirkt. Andererseits nähert sich Franz Marc mit seinen Tierbildern, wofür das Gemälde »Pferde am Berg« als aufschlussreiches Beispiel dient, seinem großen Thema an: dem Einssein mit der Natur; die rötlich-braunen Tiere auf einer rötlich-braunen Kuppe vor einem rötlich-gelben Himmel.

Maria Francks Liebesschmerz nimmt selbst in München kein Ende. Er verschlimmert sich sogar, als Franz Marc sich entschließt, Marie Schnür – eingedenk seiner Zusage – zu heiraten, auch wenn die Ehe eine arrangierte sein wird. Ein Brief Marias vom 18. November 1906 an ihn ist angefüllt mit Verzweiflung: *Mein Franz, mein Liebster, Liebster, wie ist mir das Herz heute schwer und wie entsetzlich drückt mich diese Einsamkeit und Stille, die mich umgiebt [!]. Ich stehe so friedlos im Leben und voller Unruhe und kann mich in diesem Leben nicht zurechtfinden, das mir nirgend und nirgend eine Erfüllung giebt [!].*

In einem Brief an Maria vom Januar 1907 bedient sich Marc, indem er Marie beschreibt, einer beinahe demütigenden Sprache: *Wenn es jemand vermag, mich friedlich und ruhig zu stimmen, so ist es sie; allein schon der Gedanke an ihre ruhige Gestalt und dann an den Schönheitsreichtum, der hinter dieser stillen Stirne liegt, thut mir wohl. Nimm es bitte lieb und gut auf, dass ich Dir dies schreibe.* Möchte er auf diese unschöne Art erreichen, dass Maria Abstand von ihm gewinnt?

Am 27. März desselben Jahres schließlich wird geheiratet. Und wie reagiert Franz Marc? Er vertraut seinem Künstlerfreund Niestlé gleich nach der Trauung die frisch vermählte Braut an, lässt sich zum Bahnhof bringen und nimmt wie in einem Fieber noch den Nachtzug nach Paris. Die nächste Flucht.

4 Aufbruch zum Wesentlichen

Eine Liebesheirat sieht nun wirklich anders aus. Franz Marc mag gleich gespürt haben, dass das mit Marie um des unehelichen Kindes willen abgesprochene Ehearrangement ein Fehler war. Nur so wird seine nahezu panische Flucht verständlich, zumal ihm Marie Schnür, verheiratete Marc, keine Steine in den Weg gelegt haben dürfte. Dennoch bleibt fraglich, wie sehr ihr nur daran gelegen war, ihren Willen mit der abgesprochenen Eheschließung durchgesetzt zu haben und somit auch einer gesellschaftlichen Ächtung zu entgehen, oder wie sehr sie wirklich an Franz Marc hing. Elisabeth Macke (1887–1978), die Frau des Malers August Macke (s. S. 57f.), bemerkt in ihren Memoiren dazu: *Von einer guten Freundin von Marie Schnür habe ich nur sehr Sympathisches und menschlich Schönes über sie gehört, und wenn man die Briefe liest, die Franz an sie geschrieben hat, so kann man sich nicht vorstellen, dass ihr Verhältnis nur eine Scheinehe gewesen sein soll.*

Kaum in Paris angelangt, wo er sich für eine Woche aufhalten wird, scheint er überwiegend an die Kunst zu denken – und auch an Maria Franck. Er wird natürlich erst einmal froh und erleichtert gewesen sein, einen räumlichen Abstand zum matrimonialen Ereignis gewonnen zu haben; doch das, was dann mit ihm geschah, dürfte ihn selbst überrascht haben: Er erlebte einen künstlerischen Aufbruch in sich, einen Durchbruch hin zu seinen schwer errungenen Zielvorstellungen als Maler.

Er hatte sich sogleich ins Palais du Luxembourg zu den Gemälden der Impressionisten begeben, die ihn schon während seines Paris-Aufenthalts im Jahr 1903 dermaßen beeindruckt hatten. Diesmal aber war er nicht so angetan von den Sisleys, Monets und Renoirs, wie er Maria brieflich berichtet: *Eines fällt mir, vor allem bei den hier hängenden Monets, auf: das Maßvolle, jedes Vermeiden des Fortissimo; dieses Maßvolle und dadurch allein Große findet sich bei allen guten Franzosen. Aber ich denke, zuweilen verderben sie sich auch manches dadurch. Die Sachen wirken dann oft eingerahmt bildhaft. Raum- und seelensprengend*

Vincent van Gogh

Van Gogh war uns allen ein Vater!, meint der Maler Max Pechstein (1881–1955) und spricht damit für eine ganze Generation bildender Künstler und Literaten. Was die junge Künstlerschaft so sehr fasziniert hat, macht der Kunsthistoriker Julius Meier-Graefe (1867–1935) 1907 deutlich: *Er [...] war eins mit dem Element, das er darstellte, malte sich selbst in den lodernden Wolken, in denen tausend Sonnen der Erde Zerstörung drohen, in den entsetzt zum Himmel aufschreienden Bäumen, in der schrecklichen Weite seiner Ebenen.* Die jungen Maler waren hingerissen von van Goghs Sprache der Farben. *Preußisch-blau, reines Gelb bis Orange, Smaragd- und Veronesegrün und Rot. Er riskierte die gefährlichsten Kombinationen.* Doch nicht nur das ließ ihn zum »Vater« des Expressionismus werden, sondern vor allem seine Bereitschaft, hinter die äußere Erscheinung zu sehen, sie gar zu verändern, um die eigenen, oft schmerzlichen Weltgefühle zum Ausdruck zu bringen.

Vincent Willem van Gogh wurde 1853 im nordbrabantischen Landstädtchen Groot-Zundert als Sohn eines reformierten Pfarrers geboren. Auf Wunsch der Familie sollte er Kunsthändler werden. Nach einer unglücklichen Liebe setzte sich bei ihm allmählich eine obsessive Religiosität durch. Nachdem er sich in London als Privatlehrer für Französisch, Deutsch und Arithmetik und daneben als Hilfsprediger betätigt, im niederländischen Dordrecht eine Buchhändlerlehre absolviert, in Amsterdam das Theologiestudium abgebrochen hatte und nach einjährigem aufopfernden Einsatz als Evangelist im Bergwerksstädtchen Borinage entlassen worden war, beschloss er 1879, Maler zu werden. Bis zu seinem Lebensende sollte er auf die finanzielle Unterstützung seines Bruders Theo van Gogh (1857–91), der in Paris ein gutes Auskommen als Kunsthändler hatte, angewiesen sein. Mit ihm stand er in regem Briefkontakt. Van Gogh lernte freilich zunächst das Zeichnen, bevor er mit dem Malen begann.

Von 1886 bis Anfang 1888 wohnte er in Paris bei seinem Bruder. Hier begegnete er u. a. den Malern Paul Gauguin, Émile Bernard und Henri Toulouse-Lautrec. Ab Februar 1888 schließlich lebte er im südfranzösischen Arles, wo die meisten seiner 864 Gemälde und seiner mehr als 1000 Zeichnungen entstanden. Während einer gemeinsamen Arbeitsphase mit Paul Gauguin (s. S. 25) schnitt er sich bei einem Streit mit dem Kollegen einen Teil des rechten Ohrs ab (zwei Selbstbildnissen vom Januar 1889 nach zu urteilen), was allgemein als Ausbruch seiner psychotischen Erkrankung angesehen wird. Im Februar 1889 erlitt er einen weiteren ernsten Anfall. Auf eigenen Wunsch verbrachte er anschließend ein Jahr in der Nervenheilanstalt von Saint-Rémy-de-Provence, wo er künstlerisch tätig sein durfte.

Nach seiner Entlassung im Frühjahr 1890 zog er in das Städtchen Auvers-sur-Oise, nahe Paris, um sich von dem Arzt Paul Gachet (1828–1909) behandeln zu lassen. Van Gogh hatte sich im Gasthaus L'Auberge Ravoux eingemietet. In den wenigen Auvers-Wochen schuf er etwa 80 Ölbilder und zahlreiche Zeichnungen. Am 27. Juli 1890 verletzte er sich durch einen Pistolenschuss in die Brust oder den Bauch so schwer, dass er zwei Tage später an den Folgen verstarb. Er ist wie auch sein Bruder Theo auf dem Friedhof von Auvers-sur-Oise bestattet.

sind sie nie. Seine Selbstzweifel als Künstler verschwinden, reduzieren sich zumindest: *Ein leises Triumphgefühl regte sich heute stets in meinem Innern, nämlich, dass doch etwas in mir ist, was sie alle nicht haben, die andern.*

Doch zur wahren Offenbarung wurden ihm die Bilder von Vincent van Gogh und Paul Gauguin (s. S. 39f. und 25), die den reinen Impressionismus (s. S. 22f.) schon verlassen hatten. Maria erfährt als Erste davon, dass seine *schwankende, geängs-*

tigte Seele endlich beruhigt ist angesichts jener wunderbaren »spät- oder nachimpressionistischen« Werke. *Ich war selten so sehr mit mir einig als Künstler wie diesmal in Paris. Diese 8 Tage gehören zu den traumhaftesten Tagen meines Lebens, – und voll Gewinn. Ich sah mir nur wenig anderes an als die beiden großen neuen Meister van Gogh und Gauguin und daneben ägyptische und mittelalterliche Plastik und Rodin.*

Eine private Rechtfertigung und Ermahnung erspart er Maria Franck in seinem Brief vom 13. April 1907 aus Paris allerdings nicht: *Ich denke, die Menschen, die mich und Schnür etwas lieben und respektieren, werden sich doch mit dem Gedanken beruhigen: die beiden werden schon wissen, was und warum sie etwas tun. Tu mir die Liebe und denk auch Du unbefangen und in ähnlichem Sinne.* Im Grunde freilich scheint es so, als wäre ihm die »Schnür« nicht so nah wie Maria, an der er ungebrochen festhält, auch wenn er sie verletzt.

Zurück in München setzte Marc sich freilich nur noch mit van Gogh auseinander. Die Südsee-Gemälde Gauguins erschienen ihm wohl doch zu »plakativ«, zu sehr einer äußerlichen, exotischen Sichtweise verhaftet. Mit Vincent van Gogh verband ihn hingegen die religiöse Durchdringung der Sujets, die in der Vereinfachung der Wirklichkeit entstehende Transzendenz des Seins und das quälende Leiden am Leben. Die naturalistische Darstellung eines Objekts gibt nur die äußere Erscheinung der Wirklichkeit wieder, nicht aber das wahre, geistige Sein dahinter und damit sein wahrhaftiges Wesen, in seiner zeitlos-urgründigen Verbindung mit dem Traum, der Natur oder mit Gott. Diese pantheistische Sichtweise manifestiert sich mehr und mehr in Marcs Denken und Fühlen, trotzdem er künstlerisch noch nicht in der Lage ist, sie vollendet zum Ausdruck, zur Expression (s. S. 53), zu bringen. Daran wird er in den kommenden Jahren angestrengt arbeiten, denn seiner Ansicht nach ist nur die Kunst dazu in der Lage. *Kunst ist ja nichts als der Ausdruck unseres Traumes. Je mehr wir uns ihr hingeben, desto mehr nähern wir uns der inneren Wahrheit der Dinge und unserm Traumleben, dem wahren Leben, das die Fratzen verachtet und nicht sieht.*

Ein Tier – und in gleicher Weise eine Landschaft oder der Mensch in seiner ursprünglichen Nacktheit – soll so dargestellt werden, dass für den Betrachter quasi eine Innenschau möglich wird, also das Erkennen der inneren Wahrheit eines Objekts, seiner ihm eigenen reinen »Wesensform«, seines Eingebundenseins in das kosmische Sein. Gesteigert wird dieser Eindruck noch dadurch, dass den Objekten »Wesensfarben« zugeordnet werden, die mithelfen sollen, das eigentliche Wesen der mit künstlerischen Mitteln wiedergegebenen Objekte zu erkennen, was nur in einer nicht den äußeren Schein verkörpernden Bildsprache umgesetzt werden kann (z. B. »rote« und »blaue« Pferde). Und genau diese Reduktion der Natur auf zeichenhafte Sinnbilder ist für Franz Marc bei Vincent van Gogh schon sichtbar, auch wenn dessen Objekte nicht in farbsatte Abstraktionen übergehen.

In dem 1907 geschaffenen Gemälde »Getreidegarbe« nimmt Marc die Anregungen durch van Gogh bereits auf. Der aus den Niederlanden stammende Theologe Henri Nouwen (1932–96) charakterisiert den Stil seines Landsmannes sehr treffend: *Alle Menschen, die van Gogh malt, leuchten wie Heilige, und seine Schwertlilien, Zypressen und Weizenfelder brennen wie das Feuer seiner intensiven Gefühle.*

MARIAS UNGEWISSHEIT

Maria Franck war nicht nur seelisch angeschlagen, gequält von Sehnsucht, Einsamkeit und Trauer, sondern hatte auch körperlich zu leiden. Schon seit Anfang des Jahres (1907) machte ihr eine rheumatische Erkrankung zu schaffen, die vor allem die Hände betraf und ihr das Malen zeitweilig verunmöglichte. Franz hatte von Maria im Februar ein Aktbild angefertigt, das sie mit verbundener rechter Hand zeigte, den Arm von einer Schlinge gehalten. Wie so manches seiner Gemälde hat er auch dieses vernichtet. Beide fühlten sich nicht wohl in ihrem derzeitigen Dasein. Selbst ein Krankenhausaufenthalt im Mai desselben Jahres verschaffte Maria kaum Erleichterung. Die psychisch bedingte rheumatische Entzündung der rechten Hand wird über Jahre hinaus immer wieder auftreten.

Franz, dessen Vater am 26. Mai 1907 stirbt (s. S. 16), beginnt mit Kursen zur Tieranatomie – ähnlich dem Zeichenkurs, den er in der Kunstakademie belegt hatte (s. S. 21f.) – seine kargen finanziellen Mittel aufzubessern und verlegt im Juni sein Atelier in die Münchener Schellingstraße, genauer, in die Parterrewohnung eines Hinterhauses. Seine Frau Marie hatte bereits vor der Heirat in diesem Haus Zimmer gemietet, in denen das Ehepaar nun gemeinsam lebt. Während der folgenden zwei Sommermonate logieren sie in Indersdorf, wo Marc 1904 schon einmal gemalt hat (s. S. 26f.) und wo er in der Umgebung, eingedenk seiner in Paris gewonnenen Anregungen, intensiv an seinem Stil feilt. So schreibt er im August an Maria: *Ich male jetzt schon überhaupt nur mehr das allereinfachste; ich sehe auch gar nicht anderes in der Natur an.*

Unterdessen begibt sich Maria Franck zu ihren Eltern in die Reichshauptstadt Berlin. Philipp und Helene Franck (s. S. 32) sind vom Werdegang ihrer Tochter wahrlich nicht begeistert. Ihre Kunstausbildung findet keinen Abschluss, ihr Privatleben in München ist nicht gerade vorbildlich, fürs Heiraten wird sie mit ihren 31 Jahren langsam zu alt und die völlige pekuniäre Abhängigkeit von ihren Eltern kann auch nicht von Dauer sein. Marias Versuch, mit Plakaten in der Werbung Fuß zu fassen, war soeben sang- und klanglos gescheitert. München war nach Ansicht der Eltern nun mal nicht das richtige Pflaster für eine Tochter aus höherem Haus.

Dennoch trotzte Maria ihren Eltern eine Kur in Bad Aibling ab, um ihre rheumatischen Beschwerden, die sich nicht verringert hatten, behandeln zu lassen. Zwischen ihr und Franz wanderten in Briefen zu dieser Zeit erotische Anspielungen hin und her. Und da München auf dem Weg nach Bad Aibling liegt, trafen sie sich zu einem Tête-à-Tête. Franz wird dafür seinen Aufenthalt in Indersdorf unterbrochen haben. Doch auch Annette von Eckardt war nicht aus der Welt. Sie hatte nämlich ihren Feriensitz in Großinzenmoos nahe Indersdorf gewählt. Und wem anders als Maria Franck konnte und wollte Franz Marc berichten, dass er *im tiefen Wald* und *bei silbernem Mondschein in Annettes Schoß* bitterlich geschluchzt habe? Denn der

Zustand mit Marie Schnür, seiner Ehefrau, sei *einfach fürchterlich. [...] Keiner versteht auch nur das geringfügigste Wort vom andern*. Franz gesteht Maria Franck, er habe sie gequält und quäle jetzt noch ärger *die arme Schnür*. Doch er habe sie, Maria, auch sehr lieben gelernt. Endgültig war also noch nichts geklärt. In seiner Haltung zu den Frauen und zu seiner Kunst war Franz Marc nach wie vor auf der Suche.

Im September reiste er mit Marie zu deren Verwandten ins Ostseebad Swinemünde (das seit 1945 zu Polen gehört) und nach Berlin. An der Ostsee entstehen kleinformatige Ölbilder wie die »Pferde am Meer« und im Berliner Zoologischen Garten, der 1844 eröffnet wurde, etliche Tierstudien. Marc bleibt seinem Thema treu. Die Begegnung mit den Schwestern und der Mutter Maries muss für ihn allerdings sehr enttäuschend verlaufen sein, denn noch aus Berlin wendet er sich mit der grundlegenden Frage an Maria: *Wird mir das Schicksal wohl jemals die Dummheit vergeben, die ich mit dieser Heirat angerichtet habe? Heut komm ich zu Dir und sag: hilf mir!* Zudem unternimmt Marie Schnür nichts, um ihren Sohn zu sich zu holen, womit für Franz Marc der entscheidende Grund für die Eheschließung wegfällt. So kam es wie es kommen musste: Die Ehe wird im Juli 1908 geschieden.

EIN WEITERER AUFBRUCH ZWISCHENDURCH

Beim Scheidungstermin scheint die Liebesbeziehung zwischen Franz Marc und Maria Franck schon von Dauer gewesen zu sein. Sie hatte sich gegen die Eltern durchgesetzt und war im Januar 1908 wieder nach München gegangen. Erneut hält sich Franz mit antiquarischen Geschäften und Exlibris-Zeichnungen für die Kunden Annette von Eckardts finanziell leidlich über Wasser. Um Komplikationen und ärgerlichem Gerede zu entgehen, bringt er seine Geliebte Maria bei Johann Müller, dem ehemaligen Senner von der Staffelalm, im oberbayerischen Lenggries, unter, der dort mit seiner Frau Zimmer an Feriengäste vermietet. Sie wohnt zwischen Mai und November 1908 bei ihnen, und Franz Marc ist die meiste Zeit über bei ihr.

Zum ersten Mal arbeiten sie ernsthaft zusammen, wobei sich Maria, bei aller künstlerischen Eigenständigkeit; wohl

Maria Franck und Franz Marc anlässlich des 32. Geburtstags Marias am Kaffeetisch im Haus des ehemaligen Senners Johann Müller in Lenggries. – Fotografie (Ausschnitt), 12. Juni 1908.

auch als Frau eines Malers zu begreifen beginnt, dessen Werk im Vordergrund steht. Sein Stil wirkt sich erkennbar auf ihre Bilder aus, wobei er ihr korrigierend geholfen hat; doch Maria erreicht nicht seine radikale Ausdrucksstärke. Marc befasst sich in diesem und den folgenden Jahren oft mit der Darstellung von Tieren, besonders von Pferden, sowie mit der Darstellung von Bäumen, Sträuchern, Steinen. Die Tiere sollen in ihrer Bewegung, ihrem ureigenen Rhythmus festgehalten werden. Er übt sich damit in der von ihm beschworenen Reduktion auf die »Wesensform«, ist aber mit den Ergebnissen nicht immer zufrieden. So wird er zum Beispiel drei großformatige Pferdebilder zerstören.

»Großes Pferdebild Lenggries I«
und »Lärchenbäumchen«

Am 12. April 1915 wird Franz Marc an seine Maria schreiben: *Der unfromme Mensch, der mich umgab, [...] erregte meine wahren Gefühle nicht, während das unberührte Lebensgefühl des Tieres alles Gute in mir erklingen ließ.* Marc war zu der Überzeugung gelangt, dass das Tier reiner und unverdorbener sei als der Mensch. Deshalb wollte er das Gefühl des Tieres, wie es sich selbst empfindet, malen. Beim Tierbild ging es ihm also grundsätzlich um eine »Animalisierung der Kunst«. Allerdings wird Franz Marc in den Tierdarstellungen gewiss nicht immer völlig frei davon gewesen sein, das eigene Empfinden mit einzubringen, obgleich er die Ansicht vertreten hat, dass man es verlernen müsse, Tiere und Pflanzen auf sich als Mensch zu beziehen.

Während des Sommers 1908 schuf er die Studie »Großes Pferdebild Lenggries I«. Zwar zerschnitt er das Gemälde später, aber die von ihm in Sindelsdorf (s. S. 49f.) zum Schutz vor Regenwasser als Dachfüllung benutzten Einzelteile wurden 1936 aufgefunden und konnten wieder zusammengefügt werden. In diesem Gemälde ist eine monatelange Beobachtung der Tiere auf der Weide konzentriert wiedergegeben. Die Farbgebung ist hell und luftig; doch die Pferde erscheinen in ihren Orangetönen nicht mehr naturgetreu, sondern gleichsam als Visionen. Marc verwendete reine Farben und setzte sie unvermischt nebeneinander, wobei sich seine Auffassung vom Wesen der Farben und ihrem variablen Verhältnis zueinander bereits andeutet.

Die Begeisterung für die Malweise Vincent Van Goghs (s. S. 39f.) kommt in dem Gemälde »Lärchenbäumchen« (s. S. 48), das ebenfalls 1908 in der Nähe von Lenggries entstanden ist, deutlich zum Vorschein. Die Farben sind leuchtend klar geworden; die Wiese scheint in gelb-grünen Flammen zu stehen. Maria erinnerte sich später, dass für ihn *die ›Motive‹ nicht hell und sonnig genug sein* konnten, ja, dass er *überhaupt nur die Sonne malen* wollte. Auch van Gogh war von der Farbe Gelb fasziniert, besonders vom Gelb der Sonne, der Sonnenblumen, des Korns und der ganzen Landschaft zur Erntezeit.

Marie Schnürs Lebensweg verliert sich nach der Scheidung von Franz Marc im Dunkeln. Und dennoch hat sie die Beziehung zwischen ihm und Maria Franck über Jahre hinaus beeinflusst. Wider Erwarten nämlich hat sie im Scheidungsprozess ihren Ehemann des Ehebruchs mit Maria bezichtigt, sodass es beiden gesetzlich untersagt war, einander zu heiraten. Es ist nicht ganz von der Hand zu weisen, dass Marie Schnür dabei von Rachegedanken geleitet war. Obwohl sich ihre Liebe vertieft, wird es Maria und Franz erst im Jahr 1913 möglich sein, standesamtlich die Ehe einzugehen. Der Ende Mai 1911 unternommene Versuch, in London, und damit in einem anderen Rechtsbereich, die Eheschließung zu vollziehen, scheiterte an fehlenden Unterlagen, was zu Hause aber selbst gegenüber Freunden geheim gehalten wurde. Es wird den beiden zu peinlich gewesen sein und es hätte ihre Lebenspläne gestört.

1911 werden sie finanziell erheblich besser dastehen, was 1908 und 1909 noch überhaupt nicht der Fall war. Gelegentlich kauften Freunde wie Annette von Eckardt, die in späteren Jahren Franz und Maria gleichermaßen freundschaftlich verbunden war, dem Maler ein Bild ab, doch im Grunde erkannte niemand sein Talent. Marc blieb künstlerisch gänzlich auf sich allein gestellt, was seinem Schaffensdrang aber keinen Abbruch tat. Und aus dem Kunstbetrieb in der Stadt machte er sich nicht viel. *Alle schüttelten ein wenig mitleidig und spöttisch den Kopf*, berichtet Maria später; *es nahm ihn eigentlich keiner wirklich ernst.* Natürlich probierte Marc es immer wieder, Anatomiekurse für angehende Künstler anzubieten, sei es in seinem Atelier oder an privaten Malschulen, aber es kam kaum etwas zustande. Seine eigenen anatomischen Studien setzte er bald darauf in der Zoologischen Staatssammlung (München) fort, die im Jahr 1811 unter dem Konservator Johann Baptist Spix (1781–1826) als eigenständiges Institut aus der bayeri-

*Franz Marc hat das Bild im mit Maria Franck gemeinsam verbrachten
„Malsommer" in Lenggries gemalt: Lärchenbäumchen. – Öl auf Leinwand,
100 x 71 cm, 1908. Museum Ludwig, Köln.*

schen Akademie der Wissenschaften hervorgegangen war. Mit dem wissenschaftlichen Ertrag ihrer brasilianischen Forschungsreise (1817–20) hatten der Zoologe Spix und der Botaniker Carl Friedrich Philipp Martius (1794–1868) die Sammlung beträchtlich erweitert.

Die Mutter Franz Marcs, Sophie Marc, mag ihrem Sohn hin und wieder ausgeholfen haben, und auch Marias Eltern verweigerten letztlich trotz mancher Androhung ihre Zuwendungen nicht, zumal ihre Tochter, sofern es sich aufgrund der räumlichen Distanz einrichten ließ, weiterhin ihrer Ausbildung im Münchner Künstlerinnen-Verein (s. S. 32f.) nachkommen wollte oder – ihrem eigenen Kinderwunsch entsprechend – Kinderbilder malte und zehn davon beim Insel-Verlag in Leipzig einreichte, was allerdings im Januar 1909 nur eine für Maria arg enttäuschende Absage zur Folge hatte. Ihre immer unerfüllt bleibende Sehnsucht nach einem Kind hat auch dazu geführt, dass sie therapeutische Hilfe in Anspruch nehmen musste (s. S. 102).

AUF NACH SINDELSDORF

Marcs Atelier in München, der Aufenthalt in Lenggries, die Leinwände und die sonstigen Malutensilien waren nicht kostenlos zu haben. So sollte wenigstens am Sommerdomizil gespart werden, denn die Ferienzimmer bei Johann Müller wurden dem Paar einfach zu teuer. Der Ort, den Maria und Franz suchten, musste also wirklich abgelegen sein und durfte von Ausflüglern oder Feriengästen, welche nur die Preise in die Höhe trieben, nicht sonderlich frequentiert werden. Der Zufall kam ihnen zu Hilfe; denn bei einem Ausflug im Winter 1908/09 gelangte Franz Marc nach Sindelsdorf, einer kleinen Marktgemeinde, die nicht allzu weit von Kochel am See (s. S. 19) entfernt ist (nordwestl.) und sich wie diese am Alpenrand befindet, damals aber sehr abgelegen war. Joseph Niggl, ein Schreinermeister, besaß dort ein stattliches bäuerliches Anwesen, in dem Marc spontan und preisgünstig das Obergeschoss und den als Atelier zu nutzenden Dachboden für die Monate Mai bis Oktober 1909 mietete. Auch die Landschaft schien ihm unberührter und klarer zu sein als die bei Lenggries.

Er verband Hoffnungen mit dem neuen Jahr, wie sich aus einem Brief vom 29. Dezember 1908 an Maria entnehmen lässt: *Nun geht dieses leiden- und freudenvolle 1908 bald zu Ende, das neue Jahr könnte wirklich die Leiden etwas beiseite lassen, das wünsche ich Dir und mir selber. Ansätze zur Besserung sind doch auch wirklich da, selbst pekuniär.* Inzwischen fertigt Franz Marc auch Lithografien und Tierplastiken aus Bronze an, in denen ihm bereits mehr als in der Malerei das Vordringen zum Wesenhaften, zum Wesenskern des dargestellten Objekts gelingt. *Ich werde jetzt jedenfalls versuchen, mir mit Bronze-Plastiken Geld zu machen.*

So fleißig Marc 1909 in Sindelsdorf arbeitet, noch hadert er mit der Farbgestaltung seiner Bilder. Allerdings unterzieht er sich mit oder ohne Maria einem streng geordneten Tagesablauf. Er empfindet große Sehnsucht nach ihr, wenn sie abwesend ist, verstrickt sich jedoch trotz aller Abgeschiedenheit nicht mehr in melancholisch-depressive Stimmungen. Zahlreiche Haus-, Nutz- und Wildtiere, die ihm draußen vor die Staffelei kommen, werden künstlerisch erfasst. Zwar ist das Quartier bei Joseph Niggl nicht besonders komfortabel, aber es scheint Franz an nichts zu fehlen – außer immer aufs Neue an Geld. Der Schreinermeister wird ihn sogar draußen auf der Wiese eine kleine Unterstellmöglichkeit für die großen Leinwände zimmern, damit der Künstler sie nicht jeden Abend ins Atelier zu schleppen braucht.

Maria ist nicht so begeistert von Sindelsdorf, denn die Wohnung und der Dachboden sind ihr zu kalt, zu feucht und zu stillos möbliert. Nichtsdestoweniger kann Franz sie im Laufe der nächsten Monate überzeugen, mitsamt dem Sibirischen Schäferhund »Russi«, der ihm auch als Motiv dient, ganz nach Sindelsdorf zu ziehen. Er selbst entschließt sich im Februar 1910 zu diesem Schritt und beginnt im April mit dem Umzug. Ihre Ateliers in München geben die beiden schließlich im Juli desselben Jahres auf.

Schon Ende 1909 werden durch den Kontakt zur Malergruppe »Die Scholle« (s. S. 29) resp. durch die Vermittlung des Künstlerkollegen Fritz Oswald bei dem Münchener Galeristen Franz Josef Brakl (1854–1935) einige wenige Lithografien

Marcs zu sehen gewesen sein, allerdings nur auf Kommissions-
basis. Das gleiche gilt möglicherweise auch für die Galerie
Heinrich Thannhausers (1859–1934) in München, den Marc
allerdings erst im September 1910 persönlich kennenlernt
(s. S. 70f.). Brakl, ein ungarischer Opernsänger und Theaterlei-
ter, hatte ursprünglich mit Thannhauser zusammengearbeitet
und plante für Februar 1910 die erste größere Präsentation der
Bilder von Franz Marc.

Die Galerie Thannhauser veranstaltete im Dezember des
Jahres 1909 mit der ersten Ausstellung der dem Expressionismus verschriebenen »Neuen Künstlervereinigung München«
eine Präsentation, die von bürgerlich-etablierten Kunstfreunden und Kritikern für skandalös gehalten wurde, ja auf diese
geradezu abstoßend wirkte. Die moderne Kunst führte zu Irri-
tationen. Für Franz Marc hingegen, der die Ausstellung besucht hat, wird es bereits eine Bestätigung gewesen sein, die
sich noch verstärken sollte.

Die »Neue Künstlervereinigung München«

Wahrscheinlich stammte die Idee eines Zusammen-
schlusses der künstlerischen Avantgarde Münchens von
dem russischen Maler Wassily Kandinsky. In der Vorbe-
reitungsphase hat sich jedoch der ebenfalls russische
Maler Alexej von Jawlensky (1864/65–1941) besonders
dafür engagiert, sodass man ihn als den eigentlichen
Gründer betrachten kann. Freilich überließ er, als die
»N. K. V. M.« am 22. Januar 1909 ins Leben gerufen wurde, Kandinsky den Vorsitz.
Zu den Gründungsmitgliedern zählten neben den beiden genannten Künstlern die Malerinnen Marianne von
Werefkin (1860–1938), die an der Seite Jawlenskys nach
München gekommen war, und Gabriele Münter (1877–
1962), die Schülerin und zeitweilige Lebensgefährtin
Kandinskys, sowie die Künstlerkollegen Adolf Erbslöh
(1881–1947), Alexander Kanoldt (1881–1939) und Alfred
Kubin (1877–1959) oder der Kunstsammler Oskar Wit-
tenstein (1880–1918). Späterhin schlossen sich u. a. die

Maler Wladimir von Bechtejeff (1878–1971), Pierre Girieud (1876–1948) und Karl Hofer (1878–1955), die Malerin Erma Bossi (1875–1952), der russisch-jüdische Bildhauer und Grafiker Moissey Kogan (1879–1943) oder der Tänzer Alexander Sacharoff (1886–1963) der »Künstlervereinigung« an. Franz Marc stieß zum Jahreswechsel 1910/11 zur »N. K. V. M.«, während sein Freund August Macke Distanz zur Künstlergruppe wahrte.

Auf die erste Ausstellung der »N. K. V. M.« in der Galerie Thannhausers (Dezember 1909) reagierte die öffentliche Kritik mit beißendem Spott. Allerdings bekundete eine kleine Gruppe von Fachleuten durchaus großes Interesse, sodass die Werke auch anderswo in Deutschland gezeigt werden konnten. Bei einer zweiten Ausstellung im September 1910, die gleichfalls von der Galerie Thannhauser ausgerichtet wurde, waren auch Werke ausländischer Künstler (Georges Braque, Pablo Picasso oder Maurice de Vlaminck) vertreten. Der abermals erniedrigenden Kritik trat Franz Marc in einem Artikel mutig entgegen, woraufhin er in die »N K. V. M.« eingeladen wurde.

Inzwischen war es zu großen Differenzen unter den Mitgliedern gekommen. Besonders Erblöh und Kanoldt wandten sich gegen das Bemühen Kandinskys, stärker auf abstrakte Darstellungen zu setzen, und gegen seinen zur Esoterik neigenden Mystizismus. Als für ein drittes Ausstellungsprojekt im Dezember 1911 sein Werk »Komposition V« von der internen Jury mit der an den Haaren herbeigezogenen Begründung, es sei um ein paar Zentimeter zu groß, abgelehnt wurde, traten Kandinsky, Münter, Marc und Kubin aus der Vereinigung aus. 1912 folgten ihnen Alexej von Jawlensky und Marianne von Werefkin, nachdem der Kunsthistoriker Otto Fischer (1886–1948), der selber Mitglied der »N. K. V. M.« war, in einem weiteren Ausstellungskatalog die abstrakten Auffassungen Picassos oder Kandinskys als *Irrwege von leeren Schwärmern und Betrügern* beschimpft hatte, was faktisch das Ende für die Vereinigung bedeutete.

5 Schritt für Schritt

DIE NEUE KUNST

Die unmittelbaren Jahrzehnte vor dem Ersten Weltkrieg weisen in der Malerei eine verwirrende Fülle von Stilrichtungen der Moderne auf. Das sind der Exotismus, Fauvismus, Futurismus, Impressionismus, Japonismus, Jugendstil, Kubismus, Naturalismus, Orphismus, Pointilismus, Postimpressionismus, Symbolismus und, als ein weiterer sehr ausgeprägter Stil, der Expressionismus, mit Franz Marc als einem seiner wichtigsten Vertreter. Die Vielfalt der Kunstrichtungen brachte immer wieder vehemente Auseinandersetzungen zwischen einzelnen Künstlergruppierungen mit sich, wobei diese Zusammenschlüsse oft nur für kurze Zeit bestanden.

Mit dem Begriff »Expressionismus« (als der Kunst, etwas intensiv auszudrücken) wird also keine einheitliche Stilrichtung, sondern vielmehr die Lebenseinstellung junger bildender Künstler beschrieben, die sich gegen festgefahrene gesellschaftliche, politische und kulturelle Traditionen wandten. Anders gesagt, es geht für den expressionistischen Künstler in seinem Schaffensprozess nicht in erster Linie um das, was er sieht, sondern um das, was er empfindet.

Das Gründungsjahr der Dresdner Künstlergemeinschaft »Die Brücke« (1905) und die direkten Jahre nach dem Ersten Weltkrieg grenzen in etwa den Zeitraum ein, in welchem die expressionistische Kunst besonders in Deutschland und Österreich ihre stärkste Phase hatte. Deshalb wird im Allgemeinen vom »deutschen Expressionismus« gesprochen, obwohl er nicht nur hier in Erscheinung getreten ist. Ob die Einführung des Begriffs »Expressionismus« auf den ab 1898 in Berlin wirkenden Galeristen und Verleger Paul Cassirer (1871–1926) zurückgeht, der das Werk des norwegischen Malers Edvard Munch (1863–1944) – im Unterschied zum Impressionismus – als »expressionistisch« bezeichnete, oder auf den Maler Lovis Corinth, der die französischen Kubisten (s. S. 92) und Fauvisten (s. S. 64f.) »Expressionisten« nannte, sowie auf den Berliner Schriftsteller und Galeristen Herwarth Walden (1878–1941),

der 1911 in seiner Zeitschrift »Der Sturm« (s. S. 105) alle fortschrittlichen Kunstrichtungen unter dem Titel »Expressionismus« subsumierte, muss dahingestellt bleiben.

Am Anfang dieser Stilrichtung steht das Werk der früh verstorbenen Malerin Paula Modersohn-Becker (1876–1907), die
in ihren Bildern die Formensprache radikal vereinfachte und
zu einer flächenhaften Darstellung überging, um so ihre persönlichen Erlebnisse und Empfindungen ausdrücken zu können. In ähnlicher Weise strebten die Mitglieder der »Brücke«
nach einer subjektiven Bildaussage. Ihr Thema war vielfach der
Mensch in seinen existenziellen Nöten. Auch den Malern der
»Neuen Künstlervereinigung München« (s. S. 51f.) war mehr
an der Erfassung einer inneren Wesenhaftigkeit als an einer
naturgetreuen Abbildung gelegen.

»Die Brücke«

Die vier Architekturstudenten Ernst Ludwig Kirchner
(1880–1938), Fritz Bleyl (1880–1966), Erich Heckel
(1883–1970) und Karl Schmidt-Rottluff (1884–1976)
schlossen sich am 7. Juni 1905 in Dresden zur Künstlergemeinschaft »Die Brücke« zusammen. Ihr Ziel war es,
die Kunst von althergebrachten Zwängen zu befreien.
*Jeder gehört zu uns, der unmittelbar und unverfälscht das
wiedergibt, was ihn zum Schaffen drängt.* Dieser Satz
stammt aus einem Aufruf der Gruppe, den Kirchner formuliert und in Holz geschnitten hat.

Für die angestrebte Subjektivität ihrer Kunst war es von
Vorteil, dass alle vier keine akademische Kunstausbildung hatten. Zeitweise lebten und arbeiteten sie zusammen. Ihre Vorbilder waren – neben Paul Cézanne, Paul
Gauguin und Vincent van Gogh – vor allem Edvard
Munch und James Ensor, die beide auf eine psychologi-
sierende Sichtweise in ihren Bildern Wert legten. Darüber hinaus studierten die »Brücke«-Künstler auch die
spätgotische Kunst sehr gründlich. Kennzeichnend für
ihr Schaffen waren die Verneinung des Raums, die Vereinfachung der Formen, die Deformierung und Nicht-

beachtung der Proportionen, eine flächige Anordnung der Gegenstände und die Verwendung reiner, ungebrochener Farben, wobei diese losgelöst vom abgebildeten Gegenstand eine selbstständige, bildaufbauende Funktion erhielten.

Fritz Bleyl verließ die Gruppe bereits 1907. Für kurze Zeit gehörte Emil Nolde (1867–1956) dazu. 1906 trat Max Pechstein und 1911 Otto Mueller (1874–1930) der »Brücke« bei. Ab 1908 zogen einige Mitglieder von Dresden nach Berlin, um die Absatzmöglichkeiten für ihre Werke zu erhöhen. Max Pechstein war der Erste. Er wurde sogleich Mitglied der »Berliner Secession« (s. S. 26). Diese war 1898 aus Protest gegen den akademischen Kulturbetrieb als »Abspaltung« entstanden, weil die Werke avantgardistischer Maler, etwa der Impressionisten, nicht anerkannt wurden. Einer ihrer Vorstände war der bedeutende impressionistische Maler Max Liebermann (1847–1935). Weil die »Berliner Secession« aber den Expressionismus nicht akzeptieren wollte, entstand 1910 in Berlin die »Neue Secession« als Protestbewegung, die von den Malern Max Pechstein und Georg Tappert (1880–1957) geleitet wurde und sogleich die Ausstellung »Zurückgewiesener der Secession Berlin« veranstaltete. Andere Künstler der »Brücke« traten der »Neuen Secession« ebenfalls bei, ohne deshalb die eigene Künstlervereinigung aufzugeben.

Als Pechstein 1911 den Vorsitz verlor, stellte er bei der älteren »Berliner Secession« aus, was 1912 zu seinem Ausschluss aus der »Brücke« führte. Ernst Ludwig Kirchner verfasste im selben Jahr eine Chronik der »Brücke«, rückte dabei jedoch seine Person zu sehr in den Mittelpunkt, was erhebliche Verstimmungen mit sich brachte und im Mai 1913 die offizielle Auflösung der Künstlergruppe »Die Brücke« nach sich zog. Anzumerken ist noch, dass sich Liebermann und eine Reihe weiterer Künstler 1914 von der »Berliner Secession« verabschiedeten und die »Freie Secession« ins Leben riefen.

ENTSCHEIDENDE BEGEGNUNGEN

Am 6. Januar 1910 schreibt Franz Marc seiner Maria, die wieder einige Zeit bei den Eltern in Berlin verbringt, in bester Stimmung: *Nun muss ich Dir ein Erlebnis von heute schildern, von dem ich mir manche angenehme Möglichkeiten verspreche. Es klopft. – Vor der Türe stehen drei sehr junge und ziemlich elegante Herren. Fragen nach mir. Sie haben bei Brakl zwei Lithografien (›unter dem Tisch‹) stehen sehen, die Pferde u. die badenden Frauen, von denen sie so begeistert sind, dass sie mich kennenlernen wollen.* Die drei Herren waren die Maler und Vettern August und Helmuth Macke sowie Bernhard Koehler junior, der Sohn eines damals in Künstlerkreisen bereits bekannten Berliner Sammlers und Mäzens, die sich nach avantgardistischer Kunst in München umsahen, u. a. im Kunsthaus Brakl (s. S. 50f.).

Zwischen Franz Marc und dem sieben Jahre jüngeren August Macke (geb. 1887) wird innerhalb des Jahres 1910 eine tiefe Künstlerfreundschaft entstehen, die von einer starken Sympathie der beiden Künstlerseelen getragen ist und sich sowohl durch die gegenseitige offene Kritik wie auch durch unterschiedliche Kunstauffassungen nicht beschädigen lässt. Franz spricht ihn in seinen Briefen zuerst mit »Lieber Herr Macke« und »Lieber Macke« an, dem dann »Mein lieber guter Macke« und das »Du« folgen. Zwar wird das Zusammenwirken der Freunde durch den Tod August Mackes im September 1914 auf tragische Weise beendet, aber sie hätte sicher darüber hinaus angehalten. Zudem wird sich der Kontakt zwischen Franz Marc und Helmuth Macke (s. S. 74) festigen.

Bernhard Koehler junior (1882–1964) erwarb bei Franz Josef Brakl sogleich zwei Grafiken und eine Bronzeplastik (»Zwei Pferde«) des soeben entdeckten Münchener Künstlers, ja er beauftragte den Galeristen, an den Vater, Bernhard Koehler senior (1849–1927, s. S. 57 und 60f.), zwei Gemälde Marcs nach Berlin zu schicken. Für Franz Marc also ein Jahresauftakt nach Maß. Und es sollte noch weitaus besser kommen.

August Macke

August Robert Ludwig Macke wurde am 3. Januar 1887 im sauerländischen Meschede als Sohn von August Friedrich (1845–1904) und Maria Florentine Macke (1848–1922) geboren. Die Kindheit verbrachte er in Köln und Bonn. Seine beiden Schwestern waren älter als er. Der jüngere Cousin Helmuth (1891–1936) sollte auch als Maler Karriere machen. 1904 begann August Macke, obwohl der Vater das nicht billigte, sein Studium an der Kunstakademie Düsseldorf, die er schon nach zwei Jahren enttäuscht wieder verließ. Anfangs hatte er sich am düsteren Symbolismus Arnold Böcklins (1827–1901) orientiert. Die Bildsprache des Symbolismus idealisiert nicht rational-naturalistische, sondern mystische Aussagen. Erst die Begegnung mit dem französischen Impressionismus während eines Paris-Aufenthalts im Jahr 1907 führte Macke, vergleichbar mit Franz Marc, zu seinem eigenen Stil. Dennoch fühlte er sich in der Berliner Malschule (gegr. 1901) des Impressionisten Lovis Corinth (s. S. 29) deplatziert und entschied sich deshalb für die autodidaktische Weiterbildung seiner künstlerischen Begabung. 1908/09 diente August als »Einjährig-Freiwilliger« (s. S. 20).

Am 5. Oktober 1909 heiratete er Elisabeth Gerhardt, die Tochter des Bonner Unternehmers Carl Heinrich Gerhardt (1846–1907). Der Berliner Fabrikant und Kunstsammler Bernhard Koehler senior war der Onkel Elisabeths, der August schon bei der Paris-Reise unterstützt hatte.

August Macke konnte sich, im Gegensatz zu Franz Marc, seiner Kunst ohne existenzielle Sorgen widmen, da seine Frau Elisabeth nach dem Tod ihres Vaters nicht mittellos war. 1909/10 lebte die Familie Macke in Tegernsee, ab Ende 1910 in Bonn – 1913/14 unterbrochen von einem mehr als halbjährigen Aufenthalt im schweizerischen Hilterfingen am Thunersee (Kanton Bern). Mit Marc verband Macke seit Anfang 1910 trotz künstlerischer Differenzen eine intensive Malerfreundschaft. Wie so manche seiner Künstlerkollegen meldete er sich zu Beginn des Ersten Weltkriegs freiwillig zum Kriegsdienst. Noch in den ersten Kriegswochen, nämlich am 23. September 1914, wurde er als Kompanieführer bei Perthes-lès-Hurlus in der Champagne (wahrscheinlich durch einen Kopfschuss) getötet.

Die Farbmalerei des französischen Neoimpressionisten Robert Delaunay (s. S. 94f.) hatte August Macke entscheidend beeinflusst. Im Nachruf auf seinen gefallenen Künstlerfreund schreibt Franz Marc: *Er hat von uns allen der Farbe den hellsten und reinsten Klang gegeben.* Macke verwendete im Gegensatz zu Marc die Farbe nicht dafür, eine hinter dem Sichtbaren verborgene geistig-seelische Wirklichkeit auszudrücken, sondern er behandelte sie als visuelle Realität. Für ihn waren Farbe, Licht und Bewegung Ereignisse, durch welche die Welt lebendig wurde. Er war der Überzeugung, dass im Sehen eine Erkenntnis stattfand, in der sich die Welt zusammenfügt, weshalb er seine Kunst auf die konkrete Anschauung gründete. Im Mystizismus Kandinskys und Marcs sah er einen Irrweg. Macke stellte das Einzelne und Alltägliche dar, in welchem sich für ihn die Ganzheit der Welt offenbarte. Diese Kunstauffassung verleiht ihm eine Sonderstellung im deutschen Expressionismus.

Elisabeth und August Macke lebten von Ende 1909 bis Ende 1910 im oberbayerischen Ort Tegernsee (seit 1954 Stadt), um sich wie Marc von der Abgeschiedenheit der Landschaft künstlerisch inspirieren zu lassen. Von dort aus hatten die Vettern Macke gemeinsam mit Koehler junior auch ihre Fahrt nach München unternommen, der sich, auf Einladung August Mackes am 22. Januar 1910 ein Besuch Franz Marcs in Tegernsee anschloss. Das Ehepaar Macke erwartete aber nicht nur den Münchener Maler, sondern auch ein Fräulein Franck. Franz Marc hatte bei seinem Gastgeber vorab angefragt, ob sie ihn begleiten dürfe.

Elisabeth Macke hat in ihren »Erinnerungen an August Macke« die Ankunft der Gäste, die von *August und Helmuth* an der Bahn abgeholt wurden, sehr genau geschildert: *Ich ging zur Begrüßung auf die Diele an die Wendeltreppe und sah mich einem schönen, eigenartig südlich anmutenden Mann gegenüber, breitschulterig, mit leichten, eleganten Bewegungen, eine Pelzmütze auf dem Kopf, dunklem Haar mit Koteletten am Ohr entlang, ausdrucksvollen starken Zügen, in der Hand einen Biedermeierstock mit silbernem Knauf, neben ihm wie ein junger Eisbär sein Hund, der treue weiße Russi.* Franz hatte eine »Junggesellen-Bohème-Wirtschaft« erwartet und war erstaunt, den weitaus jüngeren Malerkollegen verheiratet vorzufinden, zumal Elisabeth Macke ersichtlich schwanger war (1910 resp. 1913 wird sie zwei Söhne zur Welt bringen). *Jetzt kam auch Helmuth mit der Kollegin Fräulein Frank* [!] *herauf. Ich sehe sie noch vor mir: breit und üppig, warm eingehüllt, über die Ohren Shawl und Mütze gezogen, mit hohen braunen Schnürstiefeln.* [...] *Als sie sich aus ihren warmen Umhüllungen herausschälte, sah man erst das wundervolle, dicke, goldblonde Haar, das sie in einem schweren Knoten aufgesteckt trug.*

Nicht nur die drei Maler, auch die Frauen müssen sich auf Anhieb gut verstanden haben. Von den Bildern, die August Macke seinen Gästen zeigte, war Franz Marc sehr angetan, *wollte es aber den um sieben Jahre jüngeren Kollegen nicht merken lassen und ließ nur ab und zu kurze Bemerkungen fallen, wie sie Maler bei ihren Gesprächen häufig machen.* Er sah, dass Macke mit den Gestaltungsfragen viel unbeschwerter umging als er selbst. Dazu schreibt ihm Franz Marc einige Wochen nach dem Kennenlernen durchaus kritisch: *Ich stelle an meine* Vorstellungskraft *wieder die unverschämtesten Anforderungen und lasse alles andere, Theorie und Naturstudien, wie Sie's verstehen, hinten. Ich kann nur so arbeiten, völlig aus meinem Vorstellungsvermögen heraus, das ich ohne Unterlass füttere.*

Der Besuch blieb über Nacht, wobei im Haus des Schreiners Staudacher, in dem die Mackes wohnten, ein beheiztes Schlafgemach für Maria vorhanden war, das sie ihres rheumatischen Leidens wegen benötigte. Und Franz war froh, endlich aus seinem Isoliertsein als Künstler herauszufinden, was schon der erste Brief an Macke zum Ausdruck bringt: *Frl. Franck und ich danken Ihnen allen noch einmal aufrichtig für Ihre herzliche Gastlichkeit. Ich halte es für einen wirklichen Glücksfall, endlich einmal einen Kollegen von so innerlicher, künstlerischer Gesinnung getroffen zu haben, – rarissime! Wie werde ich mich freuen, wenn es uns einmal gelingen sollte, Bild an Bild nebeneinanderzustellen.* Während seines künstlerischen Schaffens hat August seine Frau Elisabeth noch wesentlich häufiger porträtiert als Franz seine Geliebte und spätere Ehefrau Maria.

DER SAMMLER UND DIE ERSTE AUSSTELLUNG

Schlag auf Schlag ging's voran. Ende Januar reiste der Berliner Sammler Bernhard Koehler senior (s. S. 56) nach München, um ebenfalls bei Franz Marc im Atelier in der Schellingstraße vorstellig zu werden. Laut Elisabeth Macke war ihr Mann sogar zufällig anwesend, als ihr Onkel bei Marc eintraf. Sie datiert dieses Zusammentreffen allerdings auf Anfang Februar. Vermutlich aber werden sich Marc und Koehler nicht nur einmal getroffen haben. Der Kunstsammler interessierte sich sofort für das kleine Bild »Der tote Spatz« aus dem Jahr 1905 (s. S. 31), das der Künstler jedoch nicht verkaufen wollte. »*Und wenn ich Ihnen 100 Mark dafür zahle, geben Sie es mir auch dann nicht?*«, soll Koehler gefragt haben. Der geldlich äußerst klamme Künstler konnte überzeugt werden.

Zudem begleitete ihn der Kunstsammler zu Brakls Galerie, um beim Aufhängen der Bilder für die erste Ausstellung Marcs im Februar 1910 dabei zu sein, was natürlich einen hervorragenden Eindruck beim Kunsthändler hinterließ, der durch den baldigen Erwerb etlicher Bilder der Ausstellung für die Koehlersche Sammlung noch verstärkt wurde. Ja, Bernhard Koehler senior erwies sich als wahrer Mäzen, als er im Juli 1910 mit Franz Marc vereinbarte, ihm zwei Jahre lang 200 Mark monatlich auszubezahlen, wofür ihm der Maler nach freier Wahl neue Bilder übersenden sollte. Die Zahlungen begannen womöglich aber erst ab Januar oder Februar 1911. Marc wird froh darüber gewesen sein, erlaubte ihm das Arrangement doch endlich, unabhängiger zu arbeiten. Insgesamt gelangten bis 1916 über zwei Dutzend Gemälde sowie etliche Zeichnungen und Bronzeplastiken des Künstlers in die Berliner Sammlung. Werke von Marc und anderen Expressionisten wurden 1965 durch die Bernhard-Koehler-Stiftung nach München an die Städtische Galerie im Lenbachhaus (s. S. 157) gegeben.

Die erste Einzelausstellung Marcs, für die er auch das Ankündigungsplakat gestaltet hatte (eine Lithografie, die zwei Katzen in der Bewegung zeigt), war ein Achtungserfolg. Der Schriftsteller Fritz von Ostini, Gründer der Zeitschrift »Jugend« und Bewunderer des Jugendstils (s. S. 27f.), lobte allerdings die naturalistische Darstellung in den Werken des Debütanten, was Franz Marc, der sich davon schon entfernt hatte, eher missfallen haben dürfte. Positiv zu vermerken ist, dass sich als Folge der Ausstellung ein Kontakt zu dem Verleger Reinhard Piper (1879–1953) ergab, welcher 1904 zusammen mit einem Kompagnon den gleichnamigen Verlag in München gegründet hatte und der modernen Kunst zugewandt war. Ihm übermittelte der Maler im April 1910 brieflich eine kurze Abhandlung über die Absichten seiner Tierdarstellungen, die Piper in der im Juli 1910 erschienenen Veröffentlichung »Über das Tier in der Kunst« leicht verändert abdruckte. Marc betrachtete sich freilich nicht als Tiermaler, da er im Sinne einer »Animalisierung der Kunst« (s. S. 46) die künstlerische Wiedergabe der Tiere eben nur als Möglichkeit ansah, dem geistigen Wesenskern des Daseins auf die Spur zu kommen. *Meine Ziele liegen nicht in der Linie besonderer Tiermalerei. Ich suche einen guten, reichen und lichten Stil, in dem wenigstens ein Teil dessen, was wir moderne Maler zu sagen haben werden, restlos aufgehn kann.*

DIE FASZINATION DER FARBEN

Seit Jahresbeginn (1910) betrieb Marc lesend und malend regelrechte Farbstudien, wie sie bereits von den Farbenkreisen Newtons und Goethes (1700 bzw. 1809), der »Farbenkugel« Philipp Otto Runges (1777–1810), der Farbtheorie des französischen Naturwissenschaftlers Michel Eugène Chevreul (1786–1889) oder der Farbtafel (1874) des deutschen Physikers Wilhelm von

Bezold (1837–1907) her bekannt waren. Sie beschäftigten ihn über das Jahr 1910 hinaus und brachten für ihn schließlich den Durchbruch zu einer naturunabhängigen Verwendung der Farben, also der symbolhaften reinen oder natürlichen Farbgestaltung, die sich auf die unvermischten, mittels eines Glasprismas oder als Regenbogen sichtbaren Spektralfarben (oder Primärfarben) bezog und ein Schlüssel zu seinem Werk ist.

Einerseits geriet Marc immer wieder in einen wahren Schaffensrausch, andererseits befasste er sich in seinen Bildern ganz nüchtern und systematisch mit den Theorien der Farbgestaltung. So setzte er sich für kurze Zeit mit dem Pointillismus auseinander, einer von den französischen Meistern Georges Seurat (1859–91) und Paul Signac (1863–1935) entwickelten neoimpressionistischen Malweise, bei der die Farben auf der Leinwand nicht vermischt, sondern als unzählige reinfarbige Pünktchen nebeneinander gemalt werden. In dem Gemälde »Liegender Akt in Blumen« (1910) ist sogar eine gestalterische Annährung an Paul Gauguin (s. S. 25) zu erkennen, obwohl Marc das ornamental-dekorative Element, in dieser und anderen Arbeiten, dann doch nicht weit genug ging. Erst mit dem im Dezember 1910 überarbeiteten »Aktbild auf Zinnober« gelang es ihm, aus der ›Beliebigkeit‹ der Farbe, wie er es nannte, herauszukommen. Trotzdem wirkte, wie in Marcs Gemälde »Rote Frau« aus dem Jahr 1912, die Bildgestaltung Gauguins noch längere Zeit nach.

Selbstverständlich tauschte sich Franz Marc mit dem Freund August Macke über die Ergebnisse der Farbstudien aus: *Ich werde Dir nun meine Theorie von Blau, Gelb und Rot auseinandersetzen, die Dir wahrscheinlich ebenso ›spanisch‹ vorkommt wie mein Gesicht.* / Blau *ist das* männliche *Prinzip, herb und geistig.* / Gelb *das* weibliche *Prinzip, sanft, heiter und sinnlich.* / Rot *die* Materie, *brutal und schwer und stets die Farbe, die von den anderen beiden bekämpft und überwunden werden muss!* Dieser Kurzfassung schließt sich im Brief vom 12. Dezember 1910 eine ausführliche Erläuterung an, wobei Macke keine so umfangreichen Antwortbriefe schrieb. Auch ein Satz der russischen Malerkollegin Marianne von Werefkin (s. S. 72f.) hatte Marc zu denken

*Maria Franck füttert ein Kätzchen aus einer Schale Milch: Akt mit Katze. –
Öl auf Leinwand, 88 x 82 cm, 1910. Städtische Galerie im Lenbachhaus,
München.*

gegeben: *Die Deutschen begehen fast alle den Fehler, das Licht für
Farbe zu nehmen, während die Farbe etwas ganz anderes ist und
mit Licht, d. h. Beleuchtung, überhaupt nichts zu tun hat.*

Im Januar 1910 hatte die Galerie Thannhauser (s. S. 51)
Werke des französischen Fauvisten Henri Matisse (1869–1954)
vorgestellt, welchen sich im August Gemälde von Gauguin und
im Dezember Bilder von van Gogh anschlossen. Das Kunsthaus Brakl (s. S. 50f.) hatte bereits im Dezember 1909 eine Ausstellung mit Van-Gogh-Gemälden im Programm (Franz Marc
hatte sogar beim Aufhängen der Bilder geholfen). Viele Inspi-

rationen also für die beiden Künstler Macke und Marc! Das um den Jahreswechsel 1909/10 von Letzterem geschaffene Ölgemälde »Akt mit Katze« zeigt Maria Franck, die einem Kätzchen eine Schale voll Milch hinhält. Der natürliche Farbeindruck ist fast völlig aufgegeben. Das Kätzchen hat ein gelbes Fell, während die Haare der Frau, ebenso wie ihre Körperumrisse, in einem grellen Rot-Orange zu glühen scheinen. Das Orange zieht die blaue Farbe des Hintergrunds geradezu an. Franz Marc, der das Bild »Akt mit Katze« für das *interessanteste* seiner zu diesem Zeitpunkt noch in Vorbereitung befindlichen eigenen Ausstellung (s. S. 60f.) ansah, hat sich sehr wohl durch den Fauvismus und durch Henri Matisse anregen lassen. August Macke, für den Matisse ein ausgesprochenes Vorbild war, hatte die Werke der Fauvisten im Oktober 1909 bewundern können, weil das Ziel seiner und Elisabeths Hochzeitsreise Paris gewesen war. Marcs Gemälde »Badende Frauen« (1910) knüpft an den Stil Paul Cézannes (s. S. 65) an.

Der Fauvismus

Der Pariser »Salon d'Automne« (»Herbstsalon«) war eine 1903 ins Leben gerufene Einrichtung, die es zeitgenössischen französischen Malern jährlich ermöglichte, ihre im jeweils vorausgegangenen Sommer entstandenen Arbeiten dem Publikum zu präsentieren und an Interessenten zu verkaufen. Beim »Herbstsalon« des Jahres 1905 stellte eine Gruppe junger Maler ihre Bilder und Plastiken in einem eigenen, von Licht durchfluteten Saal aus. Dabei hatte man, um bewusst einen Kontrast zu erzeugen, neben einen modernen bronzenen Kindertorso des Bildhauers Albert Marque (1872–1939) eine weibliche Büste aus Marmor gestellt, die dem Stil des im Florenz des 15. Jahrhunderts wirkenden Meisters Donatello ähneln mochte. Als der ebenso konservative wie tonangebende Kunstkritiker Louis Vauxcelles (1870–1943) den Raum betreten und jene provokante Konstellation wahrgenommen hatte, soll er spontan ausgerufen haben: *Donatello au millieu des fauves! (Wie Donatello unter den wilden*

Tieren!). So kamen die Künstlergruppe und ihre Kunst zu ihren Namen: »Fauvisten« und »Fauvismus«.

Die drei Maler Henri Matisse (1869–1954), Maurice de Vlaminck (1876–1958) und André Derain (1880–1954) bildeten den Kern der Gruppe. Auch die Künstler Henri Manguin (1874–1949), Georges Rouault (1871–1958), Raoul Dufy (1877–1953) sowie der Holländer Kees van Dongen (1877–1968) werden zu den »Fauves« gezählt. Die jungen Maler wandten sich mit ihrer Kunst vor allem gegen den Impressionismus (s. S. 22f.). Während dieser die stets wechselnden äußeren Erscheinungen im Bild festhalten will, geht es den Fauvisten um das innere Wesen der Dinge, das sie subjektiv aus ihren Empfindungen heraus interpretieren. Sie verwenden dafür reine, leuchtende und durch die Kontrastwirkung intensivierte Farben, die mit kräftigen Pinselstrichen auftragen werden. Die Farbgebung richtet sich nicht mehr nach dem Objekt, sondern dient einzig dem Bildaufbau und dem Ausdruck der inneren Sichtweise. Der Fauvismus hat etliches mit dem Expressionismus (s. S. 53) gemeinsam, und es verwundert nicht, dass sich Franz Marc wie viele Maler der Moderne davon angesprochen fühlte. Allerdings zerstreute sich die Gruppe der »Fauves« bereits 1912 wieder, zumal ihre Stilrichtung inzwischen vom Kubismus (s. S. 92) abgelöst worden war.

Ein wichtiges Vorbild für Matisse oder für Kubisten à la Picasso und Braque war der Maler Paul Cézanne (1839–1906). Gleichsam als ihr Vorläufer hat er ähnlich wie van Gogh den Weg in die Moderne geebnet.

Maria Franck war im April 1910 für zwei Wochen nach Berlin gefahren und hatte ihre Anwesenheit dort genutzt, um die Frühjahrsausstellung der »Berliner Secession« (s. S. 55) aufzusuchen oder bei den Koehlers vorbeizuschauen, wo sie außer den anderen Kunstschätzen auch erstmals Ölgemälde August Mackes betrachten konnte, da sie und Franz beim Besuch in Tegernsee wohl hauptsächlich Skizzenbücher zu sehen bekommen hatten. Maria schildert Franz in einem am 22. April geschriebenen Brief ihre Eindrücke von der Koehlerschen Sammlung, wobei ihr zwischendrin und im Vergleich die Werke ihres Franz besonders gefielen, und fügt hinzu: *Von August Macke – (der einen Sohn bekommen hat) ganz köstlich – außerordentlich talentvolle Sachen; ich halte ihn für begabter als Helmuth. Ich muss dir viel erzählen. Wir fuhren dann per Auto zu Cassierer [!] zum letzten Manet-Tag – aber es war kein Genuss – blödsinnig voll – aber wie wunderbar, zauberhaft und unnachahmlich sind diese Bilder – ich freue mich, sie mit dir zu sehen.*

Franz wird Maria ermuntert haben, zu Koehler zu gehen, doch ihr Eigeninteresse an den Ausstellungen darf nicht unterschätzt werden. Sie wollte sich gewiss selbst kundig machen und suchte für ihre Kunst Anregungen; und dennoch wird sie es auch im Sinne der Gemeinsamkeit mit Franz getan haben, worauf der letzte Satz hindeutet. Trotzdem es für die Manet-Ausstellung des Galeristen Paul Cassirer (s. S. 53) zu spät war, reist Marc urplötzlich nach Berlin, um – wahrscheinlich mit Maria zusammen – die Schau der Sezessionisten zu besuchen, in der nicht bloß neue Gemälde ihrer Mitglieder, sondern auch solche von Matisse, Hodler, van Gogh, Cézanne, Monet und ebenfalls von Édouard Manet (1823–83), dessen Bilder sich durch größere Farbflächen auszeichnen, nun endliche zu »genießen« waren. Gewiss hat Franz Marc Sehnsucht nach Maria verspürt, gewiss wird ihn die Neugier auf die Kunstwerke getrieben haben und er wird pekuniär gerade flüssig gewesen sein, und doch mag es ihm zugleich darum gegangen sein, Marias Wissensvorsprung aufzuholen.

Er lässt sich zudem die Gelegenheit nicht entgehen, die Sammlung Koehler zu besichtigen und die Verbindung mit dem nicht nur für ihn relevanten Sammler zu vertiefen. Nach seiner Rückkehr schreibt er August Macke am 6. Mai aus Sindelsdorf: *Das erste, was ich Ihnen aus Berlin berichten will, ist die aufrichtige Freude, die ich in Herrn Koehlers Sammlung vor Ihren paar Sachen empfand. Das Porträt von Frau Lisbeth ist bewunderungswürdig, und alles, was sonst von Ihnen dort hängt, verrät den famosen Maler, den ich angesichts Ihrer Skizzenbücher vermu-*

tete und erhoffte. Ich freue mich recht, in Bälde in Tegernsee Neues von Ihnen zu sehen. Der erste Sohn des Ehepaars Macke, Walter Carl August, war im Übrigen am 13. April 1910 in Tegernsee geboren worden.

TEGERNSEE, SINDELSDORF UND BERLIN

Im Anfangsjahr ihrer Freundschaft malte August Macke auch das Porträt Franz Marcs, das ihn mit Pelzmütze und Pfeife zeigt (s. Titelbild). Die Mackes beabsichtigten, im November 1910 wieder nach Bonn zu ziehen, weil dort für den Künstler in einem Haus, das Elisabeths Mutter gehörte, ein großes Atelier ausgebaut werden sollte und wurde. So fanden sich Ende September außer Franz und Maria auch Jean-Bloé Niestlé und dessen Lebensgefährtin Marguerite Legros (gest. 1965) zu einem Abschiedsbesuch in Tegernsee ein. Niestlé verband mit Marc bereits eine alte Malerfreundschaft (s. S. 31), und er war zusammen mit Marguerite, die er 1913 heiratete, gleichfalls 1910 nach Sindelsdorf gezogen, wo sie über einer Bäckerei wohnten (mit Atelier im Dachboden). In den Erinnerungen Elisabeth Mackes ist zu erfahren, dass Marguerite eine schlanke, zierliche Nordfranzösin war, *die in München kunstgewerbliche Studien betrieben hatte und fast gar kein Deutsch konnte. Das wenige aber sprach sie mit einem bezaubernden Charme.* Und die Autorin erzählt weiter: *August und Marc porträtierten sich gegenseitig um die Wette, eigentlich wollten sie sehen, wer es am schnellsten könnte, und so waren sie in zwanzig Minuten fertig, als es schon zu dämmern anfing.* Allerdings gesteht August Macke später, dass Franz einem sehr wohl auf die Nerven gehen könne: *Er ist kolossal tätig und kann, im Gegensatz zu mir, gar nicht ruhig sitzen. Doch habe ich manchmal den Eindruck, dass er vielleicht zu sehr vom Ehrgeiz getrieben wird.*

So unbeschwert vieles klingt, die Beziehung zwischen Franz und Maria war 1910 erneut einer Probe ausgesetzt. Zwar lebten und arbeiteten sie einträchtig in Sindelsdorf, aber sie hatten erwartet, endlich die rechtliche Dispens zu erhalten, um im Juni standesamtlich heiraten zu können. Doch daraus wurde nichts. Marias Eltern hatten sich von ihrem Sommerbesuch in

Franz Marc mit seinem Hund »Russi« (rechts) in Sindelsdorf, um 1910.

Sindelsdorf versprochen, das »junge« Paar beglückwünschen zu können. Stattdessen mussten Maria und Franz ihnen beichten, dass nichts aus dem Heiraten geworden war. Marc bezeichnete die Unterredung Macke gegenüber als *Familienkonzil*.

Dies war zwar *glücklich vorüber* und hatte in einer versöhnlichen Stimmung geendet, aber jene Stimmung hielt nicht lange an. Maria wurde von den Eltern einige Wochen vor Weihnachten 1910 abermals nach Berlin beordert und hatte sich der elterlichen Anweisung zu beugen, so lange in Berlin zu bleiben, bis die Ehe-Dispens erteilt worden sei. Marc ist sich natürlich über das andauernde Druckmittel im Klaren: *Bekommst du kein Geld, so verdienen wir's allein; du wirst sehen, dass ich es kann.* Und er überlegt, ob man für die erforderliche Dispens vielleicht sogar Marie Schnür gewinnen könne. Bestimmt wird auch Sophie Marc, die Mutter, durch ihren Sohn über die Ereignisse unterrichtet gewesen sein. Ihre Ansichten dazu sind nicht überliefert.

Franz Marc kann nur wieder sehnsüchtige Briefe nach Berlin schicken und seiner Maria über sein künstlerisches Wohl und Wehe berichten. *Ach Lieb, ich gehe hier so trostlos umher, von allem, meinem kleinen Heim u. meinen lieben schönen Sachen freut mich nichts, wenn ich denke, dass du es nicht mitgenießen wirst.*

Und an anderer Stelle heißt es verlockend, *ich habe noch nie so geliebt wie in diesem Sommer u. Herbst u. am meisten in diesen trüben Tagen.* Franz hatte nur »Russi«, den Hund, »Rudi«, das Katerchen, und eine zweite Katze als treue Mitbewohner. *Der kleine Rudi hat in Ermangelung deiner seine ganze Liebe auf mich geworfen. Während ich arbeite u. herumlaufe, liegt er wie eine Boa auf meiner Schulter u. Abends schläft er auf seinem kleinen Kissen u. träumt laut!* Maria antwortet nach Sindelsdorf und beinahe so sentimental wie ihr Franz, dass sie Berlin *so satt habe. Ich glaube, wenn wir verheiratet sind, werde ich mal nur gezwungen hergehen. […] Du schreibst mir vom kleinen Rudi – u. wie ich ihn mir auf dem Kissen schlafend und träumend vorstelle, umfängt mich ganz die Erinnerung u. Stimmung unseres Wohnzimmers. Wie liebe ich das alles u. wie gehöre ich dort so ganz hinein.*

»Rudi« suchte die Wärme, da es auf dem Sindelsdorfer Dachboden im Winter eiskalt war, sodass Franz Marc nur im Mantel zu malen vermochte, wie es Wassily Kandinsky (s. S. 74ff.) so treffend aus der Rückschau (1935) schildert: *Marc arbeitete auch im Winter auf dem Speicher seines Bauernhauses. Außen alles weiß – der Schnee bedeckt die Felder, die Berge, die Wälder –, der Frost zwickt an der Nase, die Stille erweckt Ohrensummen. Oben auf dem niedren Speicher (fortwährend stieß man mit dem Kopf an den Balken) stand ›Der Turm der blauen Pferde‹ auf der Staffelei, Franz Marc stand da mit seinem Pelzmantel, großer Pelzmütze und selbstgeflochtenen Strohschuhen an den Füßen.*

6 Schicksalsgemeinschaften

KRITIK UND GEGENKRITIK

Vom 1. bis 14. September 1910 präsentierte der Münchener Galerist Heinrich Thannhauser (s. S. 51) der Öffentlichkeit die zweite Ausstellung der »Neuen Künstlervereinigung München« (»N.K.V.M.«, s. S. 51f.). Franz Marc hatte deren erste Ausstellung im Vorjahr besucht und war jetzt ebenfalls wieder zugegen, dieses Mal aber mit deutlich größerer Bewunderung. Auch Macke hat die Ausstellung – vor seinem Umzug nach Bonn – gesehen.

Neben den Bildern der »N.K.V.M.« hatte Thannhauser u. a. Werke der Kubisten (s. S. 92) Georges Braque (1882–1963) und Pablo Picasso (1881–1973) aufgenommen (insgesamt 115 Bilder von 31 Malern). Die Resonanz bei der Kritik und einem Teil des Publikums war verheerend. Vielfach zitiert ist die vernichtende Rezension des journalistischen Kunstkritikers Maximilian Karl Rohe (geb. 1874): *Diese absurde Ausstellung zu erklären, gibt es nur zwei Möglichkeiten: entweder man nimmt an, dass die Mehrzahl der Mitglieder und Gäste der Vereinigung unheilbar irrsinnig ist, oder aber, dass man es mit schamlosen Bluffern zu tun hat, denen das Sensationsbedürfnis unserer Zeit nicht unbekannt ist und die die Konjunktur zu nutzen versuchen* (Münchner Neueste Nachrichten, vom 10.9.1910). Dass Rohe Vorsitzender der 1911 im Umfeld des Grafikers und Malers Paul Klee (1879–1940) entstehenden und dem Expressionismus zugewandten Münchener Künstlervereinigung »Sema« (»Zeichen«) wird, erscheint im oben genannten Zusammenhang eher wie ein schlechter Scherz.

Nina Kandinsky (um 1893–1980), die zweite Ehefrau des damaligen »N.K.V.M.« –Vorsitzenden Wassily Kandinsky, beurteilt in ihrem Buch »Kandinsky und ich« (1976) den Kritiker Rohe aus der späten Rückschau nicht gerade positiv: *Würde dieser Mann heute noch leben, er müsste sich vor Scham verkriechen. Dennoch sei ihm gedankt für diese Zeilen, die meiner Meinung nach ein unersetzliches Zeitdokument darstellen. Sie signalisieren das kulturelle Klima, in dem die Avantgarde arbeiten musste.*

Franz Marc empörte die unmittelbare Reaktion des Publikums offenbar, denn er fühlte sich herausgefordert, eine deutliche Stellungnahme zu verfassen, in der es heißt: *Die Art, wie das Münchner Publikum die Aussteller abtut, hat fast etwas Erheiterndes. Man benimmt sich, wie wenn es vereinzelte Auswüchse kranker Gehirne seien, während es schlichte und herbe Anfänge auf einem noch unbebauten Lande sind. Weiß man nicht, dass an allen Enden Europas heute der gleiche, neuschaffende Geist tätig ist, trotzig und bewusst?* Bereits einen Tag vor Rohes Rezension in den »Münchner Neuesten Nachrichten« übersandte Marc seinen Artikel an den Verleger Reinhard Piper, der ihn an Thannhauser weitergab. Von dort aus gelangte er in die Hände Adolf Erbslöhs (1881–1947), des deutschen, aber in New York geborenen Malers und Schriftführers der »N.K.V.M.« Dieser reagierte erfreut und fragte im Oktober bei Marc an, ob ihm der Abdruck des Textes, zusammen mit der Kritik Rohes, in einer Broschüre genehm sei (als Katalogbeilage für die Übernahme der Ausstellung in anderen Städten). Marc wird froh darüber gewesen sein, wurde sein Name somit doch verbreitet. Und er meint wohl seinen Text, wenn er an Macke schreibt: *Meine Kritik habe ich Koehler auch schon geschickt.*

KÜNSTLERPERSÖNLICHKEITEN

War Franz Marc bereits durch seine Freundschaft mit den Vettern August und Helmuth Macke aus seiner selbst gewählten Isoliertheit herausgetreten, so bahnten sich jetzt erst recht in reichlichem Maße Verbindungen mit eigenwilligen Künstlerpersönlichkeiten an. Noch im Oktober 1910 lernte er Adolf Erbslöh persönlich kennen sowie nach einiger Zeit mit Marianne von Werefkin und Alexej von Jawlensky weitere Gründungsmitglieder der »Neuen Künstlervereinigung München«. Wie Werefkin und Jawlensky waren um die Jahrhundertwende zahlreiche russische Künstler in München ansässig. *Als ich Kandinsky einmal fragte*, berichtet Nina Kandinsky, *wie er sich diese erstaunliche Tatsache erkläre, meinte er:* »*In Russland waren die Studienbedingungen nicht so gut wie damals in Deutschland. Alles wollte zu Azbé, dessen Schule ein Dorado für russische Künst-*

ler war.« Der in Slowenien gebürtige Maler Anton Ažbé (1862–1905) hatte ab 1891 in München eine eigene Malschule betrieben und dort Kandinsky sowie Jawlensky als Schüler aufgenommen. Ingesamt sind enge dynastische Verbindungen zwischen dem deutschen Kaiserreich und dem Zarenreich als Voraussetzung zu betrachten, zumal Mitglieder der Zarenfamilie bis zum Ersten Weltkrieg auch gerne in deutschen Kurbädern residierten.

Un ménage à trois I

Marianne Baronin von Werefkin verfügte nach dem Tod ihres Vaters Wladimir Nikolajewitsch Werjowkin (1821–96), der es in der Armee des Zaren zum General gebracht hatte, über finanzielle Mittel aus einer ihr zugesprochenen ansehnlichen Rente und konnte so nicht nur für den gemeinsamen Haushalt, sondern auch für die künstlerische Ausbildung Alexej von Jawlenskys sorgen. Der nicht begüterte Alexej war im Jahr 1892 zur über vier Jahre älteren Baronin gekommen, um bei ihr Malunterricht zu nehmen. Sie gingen kurz darauf eine Beziehung miteinander ein, die fast 30 Jahre währte.

1896 kamen sie, zusammen mit ihrem noch sehr jungen Dienstmädchen Helene Neznakomava (1885/86–1965), nach München und wohnten in Schwabing (s. S. 30) nicht ohne Luxus. Elisabeth Macke vermerkt in ihren Erinnerungen dazu: *Sie hatten zwei Atelierwohnungen auf dem gleichen Stock inne. [...] Beide stammten aus altem Adel, der Bruder der Werefkin war vor dem Kriege [1. Weltkrieg] Gouverneur von Wilna. Sie war eine ungemein temperamentvolle, starke Persönlichkeit, voll revolutionären Geistes gegen alles Laue und Ängstliche.* Das Paar pflegte durchaus im klassischen Sinne eine geistig-offene Salon-Kultur. In Freundes- und Bekanntenkreisen nannte man sie »Giselisten«, weil sie in der Giselastraße wohnten.

Um 1905 gebar Helene Neznakomava einen Sohn, der den Namen Andreas (»André«) erhielt. Der Vater war Jawlensky, der mit dem Dienstmädchen ein vermutlich langjähriges Verhältnis hatte. Elisabeth Macke schreibt, Marianne und Alexej hätten *damals in großer Freundschaft miteinander* gelebt, aber sie fügt hinzu, dass immer ein wenig ein *Geheimnis über diesen drei Menschen und ihrer Zugehörigkeit zueinander* gelegen habe. Der Sohn wurde offiziell als »Neffe« Alexejs ausgegeben. Die russische »Großfamilie« musste am Beginn des Ersten Weltkriegs Deutschland, das sich mit Russland nun im Krieg befand, sofort den Rücken kehren und fand in der Schweiz eine Zuflucht. Im Jahr 1921 endete die Beziehung des Künstlerpaars. Alexej ging im darauffolgenden Jahr in Wiesbaden mit Helene die Ehe ein und wurde 1934 deutscher Staatsbürger.

So selten waren also »Dreiecksverhältnisse«, wie Franz Marc, Maria Franck und Marie Schnür eines hatten, gar nicht. Im Übrigen bestand zwischen Marianne von Werefkin und Maria Marc in späterer Zeit ein guter Kontakt.

Die freundschaftliche Aufnahme in den engeren Zirkel der »Neuen Künstlervereinigung« muss dem fleißigen, aber nach wie vor ziemlich unbekannten Maler Franz Marc sehr viel bedeutet haben, sah er sich doch mit einem Mal in eine gesellschaftlich »vornehmere« Welt versetzt, in der es nicht nur arme Künstlerexistenzen gab; denn auch Adolf und Adeline Erbslöh waren nicht knapp an Geld. Freilich, der ideelle künstlerische Eindruck wird sich bei der Begegnung mit Kandinsky, der erst zum Jahresende 1910 von einer im Oktober angetretenen Reise nach Moskau und Odessa zurückkehrt, noch steigern. Damit Franz die Weihnachtstage nicht allein in Sindelsdorf verbringen muss, wird er von seinem Bruder Paul und seiner Schwägerin Helene nach München eingeladen. Gewiss wird in diesen Tagen auch Sophie Marc zugegen gewesen sein.

Wahrscheinlich schon am Silvesterabend 1910 trifft Marc, der von Helmuth Macke begleitet wird, zum ersten Mal Wassily Kandinsky und seine Lebensgefährtin, die Malerin Gabriele Münter, in der Doppelwohnung von Werefkin und Jawlensky, was Franz sogleich Maria, die weiterhin zwangsweise in Berlin verweilt, berichtet. *Gestern abend war ich mit Helmuth bei Jawlensky und hab mich den ganzen Abend mit Kandinsky und Münter unterhalten – fabelhafte Menschen. Kandinsky übertrifft alle, auch Jawlensky an persönlichem Reiz; ich war völlig gefangen von diesen feinen innerlich vornehmen Menschen, und äußerst patent bis in die Fingerspitzen. Dass den die kleine Münter, die mir sehr gefiel, ›glühend‹ liebt, das kann ich ganz begreifen. Sie wollen mich und Helmuth nun alle in Sindelsdorf besuchen, desgleichen wir Kandinsky und Münter in Murnau. Ach, wie freue ich mich, später mit Dir mit diesen Menschen zu verkehren.*

Helmuth Macke wohnte mit Beginn des Jahres 1911 für einige Monate bei Franz Marc in Sindelsdorf und gesellte sich damit auch zu Jean-Bloé Niestlé und Marguerite Legros (s. S. 67). Münter und Kandinsky hatte es wie ihre Kollegen zum Malen aufs Land gezogen. Das Paar erwählte sich die Marktgemeinde Murnau am Staffelsee (südwestl. von München) als kreativen Zufluchtsort, nachdem sie 1908 bei einer frühsommerlichen Radtour dort Halt gemacht hatten. Man verlebte gemeinsam mit Werefkin und Jawlensky, der seit diesen Tagen mit Kandinsky befreundet war, einen Malsommer in Murnau. Gabriele Münter erwarb 1909 kurzerhand ein im Jahr zuvor erbautes hübsches Haus mit Garten für sich. Es sollte bis ans Lebensende ihr Zuhause sein. Das Paar behielt allerdings eine Wohnung in München-Schwabing. Kandinsky blieb bis 1914. Bilder von ihm rettete Gabriele Münter über das Dritte Reich hinweg, verborgen im Keller des Murnauer Anwesens, denn die Kunst des Meisters war den Nazis ein Dorn im Auge. Heute dient das Münter-Haus als Erinnerungsstätte und ist als Museum zugänglich (s. S. 158).

Un ménage à trois II

Der 1866 in Moskau geborene und in Odessa aufgewachsene Wassily Kandinsky hatte sein juristisches Staatsexamen in der Tasche, als er im Jahr 1892 Anja (Anna) Tschimaikin, seine Cousine, heiratete. Trotz einer Promotion und bester beruflicher Aussichten als wissenschaftlicher Jurist entschloss er sich – wie Werefkin und Jawlensky – 1896, gemeinsam mit seiner Frau nach München zu gehen, um dort eine Künstlerkarriere zu starten. Seine Lehrer wurden die Maler Anton Ažbé (s. S. 71f.) und Franz von Stuck.

Gabriele Münter, wie Kandinsky ab 1909 Mitglied der »Neuen Künstlervereinigung München« (s. S. 51f.), war in Berlin als Tochter des Zahnarztes Carl Münter geboren worden. In den Städten Herford und Koblenz verbrachte sie ihre Kindheit und Jugend, nahm 1897 in Düsseldorf kurzzeitig am Unterricht des Genremalers Ernst Bosch (1834–1917) teil, konnte sich aufgrund einer Erbschaft zusammen mit ihrer Schwester Emmy zwischen 1898 und 1900 einen Besuch bei Verwandten in den USA leisten und kam im Jahr 1901 nach München, wo sie – wie Maria Franck ein Jahr danach – in die »Damenakademie« des Münchner Künstlerinnen-Vereins (s. S. 32) eintrat. Einer ihrer Lehrer war der Maler und Grafiker Angelo Jank, der spätere Geliebte Marie Schnürs und der Vater ihres Sohnes Klaus (s. S. 33).

Bald darauf hörte sie von der Münchener Künstlergruppe »Phalanx«, die 1901 von Wassily Kandinsky mitbegründet worden war. Diese verstand sich mit ihrer Vorliebe für den Symbolismus (s. S. 57) und den Jugendstil (s. S. 26ff.) als moderne »Schlachtreihe« gegen die konservative Gesinnung vor allem in der Kunst, verfiel ab 1904 aber bereits wieder der Auflösung. Die »Phalanx« organisierte eigene Ausstellungen (insg. zwölf) und betrieb eine Schule für Malerei und Aktzeichnen, für die Gabriele Münter die »Damenakademie« aufgab. Nun wurde Kandinsky ihr Lehrer und verliebte sich prompt in die junge Studentin, ja trug ihr 1903, trotz seiner Ehe mit Anja, im oberpfälzischen Kallmünz anlässlich eines Malsommers die Verlobung an.

Sie wurde für über zehn Jahre seine Geliebte; beide verbrachten viel Zeit miteinander, obgleich Kandinsky von seiner Frau (in München) nicht ganz getrennt war. Die

Scheidung von Anja erfolgte erst 1911, die Auflösung des Verhältnisses mit Gabriele letztlich 1916 in Stockholm. Kandinsky hatte – wiederum wie Werefkin und Jawlensky – bei Kriegsbeginn Deutschland Richtung Schweiz verlassen müssen und lebte seit November 1914 in Moskau. Dort ehelichte er 1917 die Russin Nina Andrejewsky (N. Kandinsky), die in ihren Memoiren auch Anja erwähnt: *Kandinsky war sich seit den ersten Tagen seines Zusammenseins mit Anja bewusst, dass sie ihm auf seinem Wege in die Welt der Kunst nicht folgen konnte, weil ihr jedes Verständnis für die Kunst fehlte.* Und wenige Zeilen danach: *Dass aus der gewiss schmerzlichen Trennung keine Feindschaft wurde, schreibe ich der noblen Gesinnung beider zu – im Gegenteil: sie blieben stets gute Freunde.* Laut Nina Kandinsky passten auch Wassily und Gabriele aufgrund der *Verschiedenartigkeit ihrer Charaktere* nicht zusammen.

KANDINSKY, MARIA UND DIE MUSIK

Wie Marc erprobte Kandinsky, der sich an Matisse und den Fauvisten oder an Picasso orientierte, die Farbgestaltung und wurde dafür als »Kolorist« beschimpft; wie Marc strebte er in seinen Bildern nach einer letzten Vollkommenheit und suchte die Wahrheit in der Kunst zu ergründen; wie Marc fühlte er sich bisweilen isoliert, sodass er etwa während seiner Ausbildung *kaum Freundschaften anknüpfte und ganz für sich allein lebte*, wie Nina Kandinsky formulierte; und wie Marc liebte er Landschaften und Pferde. *Warum gerade Pferde? Ich glaube, all diese Pferde sind als symbolischer Ausdruck für den Drang des Künstlers nach vorne zu verstehen: Öffnung für das Kommende, das Neue* – so nachzulesen in Ninas Erinnerungen.

Nach dem Ende der Künstlergruppe »Phalanx« im Jahr 1904 begab er sich auf Reisen. Erst ab 1908 war er wieder in München. *Eine wahre Odyssee, rastlos und ohne Ziel. Was Kandinsky in diesen Jahren wirklich beschäftigte, vielleicht sogar quälte, hat er niemandem verraten, und ich habe ihn auch nicht danach gefragt.*

Es wirkt also ganz folgerichtig, dass sich Marc und Kandinsky auf Anhieb gut verstanden und wechselseitige künstlerische Anregungen verspürten, obwohl zwischen ihnen keine so innige Freundschaft wie zwischen Marc und Macke entstand. Dennoch, die beiden – wenngleich sie nie zum Du übergegangen sind – schätzten einander sehr, wie Äußerungen belegen. Marc schreibt in einem an Maria gerichteten Feldpostbrief vom 12. April 1915: *Kandinsky ist zweifellos jenem Ziel der Wahrheit nah auf der Spur, – darum liebe ich ihn so. Du magst ganz recht haben, dass er als Mensch nicht rein u. stark genug ist, sodass seine Gefühle nicht allgemein gültig sind, sondern nur sentimentale, sinnlich nervöse, romantische Menschen angehen. Aber sein Streben ist wundervoll u. voll einsamer Größe.* Wassily Kandinsky schreibt 1935 über Marc: *Bald entstand die persönliche Bekanntschaft, und wir sahen, dass sein Äußeres seinem Innern vollkommen entsprach: ein großer Mann mit breiten Schultern, mit festem Gang, mit einem charaktervollen Kopf, mit eigenartigen Gesichtszügen, die eine seltene Verbindung von Kraft, Schärfe und Milde zeigten.*

Und Maria in Berlin? Während Marc und Kandinsky Freundschaft schließen, leidet sie nicht nur seelisch, sondern auch körperlich und bittet ihren Franz am 2. Januar 1911 mit ausdrücklicher Erlaubnis ihrer Eltern dringend, zu ihr in die Hauptstadt zu kommen, wozu Vater Philipp Franck sogar das Reisegeld beisteuern will. *Mein einziger herzliebster Franzl*[,] *gestern hat Vater an dich geschrieben – u. dich eingeladen – wirst du nun kommen? Es ist die erste Bitte, die ich in d. Jahr an dich habe [...]. Sei überzeugt, dass die Eltern nett zu dir sein werden – dich zu nichts peinlichem zwingen – sie möchten jetzt nichts wie mir Freude machen.* Marc antwortet ihr rasch und fährt, trotzdem er sich in seiner Arbeit gestört fühlt, um den 5. Januar nach Berlin. *Im Grunde freue ich mich so furchtbar, dich zu sehen u. mein krankes Lieb zu streicheln u. zu trösten, dass du ja nicht glauben darfst, ich käme nicht gerne. Deine Krankheit ist doch eine sehr böse Sache.*

Franz Marc nutzt den Berlin-Aufenthalt, um im Museum für Völkerkunde (1873) frühere *Kunstmittel* zu studieren sowie

Bernhard Koehler senior (s. S. 60f.) aufzusuchen und bei ihm für die »Neue Künstlervereinigung München« zu werben. Am 13. Januar ist Franz allerdings schon wieder aus Berlin zurück und berichtet seinem Freund August Macke erleichtert nach Bonn, wie angenehm es bei Marias Eltern gewesen sei und dass es Maria, deren Zustand sich nur langsam bessere, *leidlich gehe; eine Blinddarmreizung, zum Glück im Anfangsstadium, sodass sie durch eine strenge Hungerkur bei langem Stilliegen ohne Operation geheilt wird.* Während seiner Tage in Berlin stand Franz Marc jedoch noch ganz unter dem Eindruck eines Kammerkonzerts, das der Wiener Komponist, Maler und Autor Arnold Schönberg (1874–1951) am 2. Januar 1911 in München gegeben hatte. Zwar befand sich dieser noch am Beginn seiner atonalen Musikwerke, war aber bereits Kummer gewöhnt, da die äußerst fortschrittliche Kompositionstechnik vom Publikum als skandalös empfunden wurde. Das althergebrachte Dreiklang-Muster der Harmonielehre wird dabei aufgelöst; die zwölf Töne der Tonleiter stehen stattdessen in gleichberechtigter Weise nebeneinander. Franz Marc, der von Schönbergs Musik beeindruckt ist, informiert sogleich Maria und August Macke über diesen neuartigen Höreindruck: *Kannst Du dir eine Musik denken, in der die Tonalität (als das Einhalten irgend einer Tonart) völlig aufgehoben ist?*

Doch es geht Marc gar nicht so sehr um die Musik, sondern um die Analogie zu seiner Malerei und zu seiner Maltechnik, was für ihn mit zu einem Durchbruch in der Farbgestaltung führt. *Schönberg geht von dem Prinzip aus, dass die Begriffe Konsonanz und Dissonanz überhaupt nicht existieren. Eine sogenannte Dissonanz ist nur eine weiter auseinanderliegende Konsonanz. – Eine Idee, die mich heute beim Malen unaufhörlich beschäftigt und die ich in der Malerei so anwende: Es ist durchaus nicht erforderlich, dass man Komplementärfarben wie im Prisma nebeneinander auftauchen lässt, sondern man kann sie so weit man will ›auseinanderlegen‹. Die partiellen Dissonanzen, die dadurch entstehen, werden in der Erscheinung des ganzen Bildes wieder aufgehoben, wirken konsonant (harmonisch).* Bereits 1874 hatte der russische Komponist Modest Petrowitsch Mussorgski (1839–81) in seinem berühmten Klavierzyklus »Bilder einer Ausstellung« Klänge und Bildeindrücke miteinander verwoben. Anlass war eine Gedächtnisausstellung für den im Jahr davor verstorbenen Freund, Maler und Architekten Viktor Hartmann (1834–73) in St. Petersburg.

Es irritiert Franz, dass Maria, die des Klavierspielens doch mächtig ist und von ihm Noten Schönbergs erhalten hat, den Zusammenklang der neuartigen Töne nur schwer erträgt und somit auch keine direkte Parallele zur reinen Farbanwendung erkennt: *Bei Schönberg kann ich in den Klavierstücken – keinen* _einzigen_ _reinen_ *Klang finden – ich mag im einzelnen od. Zusammenhang Klänge anschlagen wie ich will und welche ich will; es giebt* [!] *nur Dissonanzen – für mein Ohr wenigstens – nie einen* _reinen_ *Zusammenklang von zwei oder mehr Tönen – alles »*_vermischt_*« – um nicht zu sagen unrein.*

Noch ärger mag es Marc verwirrt haben, dass sich Kandinsky ähnlich geäußert hat: *Und da kam das Überraschende: Kandinsky ist ganz Deiner Meinung und sieht in diesem trüben Gemisch Schönbergs dessen ungeheuerliche Größe; er sagte: Sehen Sie, ich komme noch nicht ohne die ›schönen reinen‹ Farben aus; ich male noch, gegen meinen Willen, in alten Farbharmonien, um die es mir doch nicht im geringsten zu tun ist.* Marc dürfte Kandinsky bezüglich der Farbgestaltung, also bei den Überlegungen zur »Wesensfarbe«, einen Schritt voraus gewesen sein, Kandinsky hingegen Marc bezüglich der Abstraktion, also der »Ablösung« von der gegenständlichen Wiedergabe.

Alleine hatte Franz Marc das Schönberg-Konzert am 2. Januar nicht aufsuchen wollen, sondern sich der Begleitung Werefkins, Jawlenskys, Münters, Kandinskys und Helmuth Mackes versichert, hatte er doch vermutet, was geschehen würde. Denn *das Publikum benahm sich wie Schulbuben, ein steter, feiger und ungezogener Protest durch Unruhe, Kichern, Scharren* während! *des Spielens. Während sie einen hinterher ruhig applaudieren ließen. Man schämte sich als Münchner*, kritisierte er in seinem Brief vom 4. Januar an Maria. Seit diesen Tagen bestand zwischen Kandinsky und Schönberg gleichfalls ein brieflicher Austausch.

KOLLEGEN UND GEGNER

Ende Januar fand ein Besuch Bernhard Koehlers in Sindelsdorf statt, wobei der Kunstsammler beim Anblick der Werke im Speicher höchst erstaunt und erfreut über den künstlerischen Fortschritt seines Protegés war. Franz Marc konnte ihn zudem überzeugen, sich bei Adolf Erbslöh in München Bilder einiger Mitglieder der »N.K.V.M.« anzusehen. Zum angekündigten Gegenbesuch der »Künstlervereinigung« – näherhin Werefkins, Jawlenskys und Erbslöhs – bei Marc kam es am 4. Februar 1911. Wohnzimmer und Speicher waren *ziemlich sauber und aufgeräumt*, wofür Helmuth Macke *rührend gesorgt* hatte. Und der Gegenbesuch hatte Folgen, wie Maria erfährt, denn Marc wurde schon tags darauf per Telegramm davon unterrichtet, dass er *einstimmig zum Mitglied und 3. Vorsitzenden* der »Neuen Künstlervereinigung München« gewählt worden war – eine spontane Entscheidung aufgrund der besichtigten Gemälde. *Erbslöh tanzte vor Vergnügen – freilich war's im Dachboden-Atelier wie gewöhnlich eiskalt –, Jawlensky drückte mir in einem fort die Hände u. schnarrte sein Säääärrh gut, Werefkin desgleichen. Sie boten mir sofort die Mitgliedschaft [...] an und waren glücklich, als ich zusagte.* Auch Marias Kinder-Bilder waren zu sehen, und Helmuth wird einiges vorgewiesen haben. *Die Eigenbrödelei hab ich satt; nun geht's gemeinsam. Langweilen werden wir uns nicht in den nächsten Jahren, mein Lieb; und was Du Dir gewünscht hast, haben wir nun: einen Kreis von Künstlern und vornehmen Menschen, wie wir ihn uns besser nicht wünschen können.*

Das Neu-Mitglied Franz Marc wiederum war am 10. Februar bei Münter und Kandinsky in Murnau zu Gast, um mit ihnen den Kontakt zu vertiefen. *Am andern Morgen wanderte ich zu Kandinsky*, informierte er Maria umgehend. *Die Stunden bei ihm gehören zu meinen denkwürdigsten Erfahrungen. Er zeigte mir viel, ältere und neueste Sachen. Letztere alle ungeheuer stark.* Der Malerkollege hatte sich durch seine abstraktere Bildgestaltung allerdings Gegnerschaften in der »N.K.V.M.« zugezogen, sodass er genau einen Monat davor zugunsten von Erbslöh auf die Position des 1. Vorsitzenden verzichtet hatte. Umgekehrt war Marc für die »Vereinigung« von Bedeutung, weil er mit

Bernhard Koehler senior und seinem alten Reisegefährten Friedrich Lauer (s. S. 24), der durch eine Erbschaft reich geworden war, potenzielle Käufer an der Hand hatte.

Der religiöse Aspekt

Zu dieser Zeit befasste sich Kandinsky bei seiner Wahrheitssuche mit der Theosophie Helena Petrowna Blavatskys (1831–91), die 1875 in New York die Theosophische Gesellschaft gegründet hatte, und der Lehre Rudolf Steiners (1861–1925). Die »Theosophie« geht nicht von einer personalen Ich-Du-Beziehung zwischen den Menschen und Gott aus, sondern von einer pantheistischen Sichtweise, in der das Göttliche und die Welt identisch sind und die »Gottesweisheit« vom Menschen in einem mystisch-religiösen Erkenntnisprozess erfahren, der Mensch also selbst vergöttlicht wird. Dabei übernimmt die Theosophie hinduistische und buddhistische Anschauungen und vertritt die Idee der Reinkarnation.

Bei dem Versuch, dem Wesentlichen der Dinge nahezukommen, berühren sich die Gedankenwelten Kandinskys und Marcs in der künstlerischen Gestaltung. In dem Text »Zur Kritik der Vergangenheit« aus dem Jahr 1914 beschwört Marc den metaphysischen Charakter der Kunst, in welchem sich die Sehnsucht nach einem unteilbaren und unirdischen Sein manifestiert: *Alles ist eins. Raum und Zeit, Farbe, Ton und Form sind nur Anschauungsweisen, die der sterblichen Struktur unsres Geistes entstammen. / Raum ist eine von uns gedachte Projektion des Seins. / Zeit ist eine Berechnung des Seins, in die wir den Begriff »Gegenwart« als imaginäre Größe einführen. / Der Tote kennt nicht Raum und Zeit und Farbe, oder nur soweit er in der Erinnerung der Lebenden noch »lebt«. Er selbst ist erlöst von allen Teilempfindungen. Mit dem Tode beginnt das eigentliche Sein, das wir Lebende unruhvoll umschwärmen wie der Falter das Licht.*

Die Vorstellung von einem letzten Endes harmonischen und damit auch sittlich reinen Weltganzen, in dem sich die Gegensätze von Geist und Materie aufzulösen vermögen, könnte für Marc eine logische Fortsetzung seiner christlichen Religiosität gewesen sein, unterscheidet sich aber dort eindeutig vom Christentum, wo der im Zentrum stehende Glaube an einen im jesuanischen Sinne personalen Du-Gott fehlt, der die Menschen erlöst. Für Marc steht das »Geistige«, das sich epochal auswirken und die christliche Religion überwinden werde, an der Stelle des nicht mehr vorhandenen »Göttlichen«; für Kandinsky hingegen ist das »Geistige« mit dem »Göttlichen« gleichzusetzen.

Noch hielten sie freilich zusammen, Marc und Kandinsky auf der einen Seite sowie die meisten Mitglieder der »N.K.V.M.« auf der anderen Seite, als sich im April 1911 der Bremer Maler Carl Vinnen (1863–1922) an die Spitze eines von zahlreichen deutschen Künstlern befürworteten massiven Protestes gegen eine Überflutung durch die moderne französische Kunst stellte, weil es die Kunsthalle zu Bremen gewagt hatte, einen Van Gogh zu erwerben. Dem arg patriotischen »Protest deutscher Künstler« folgte ein von Marc und Kandinsky vorbereiteter und von Piper verlegter Sammelband mit Erwiderungen: »Im Kampf um die Kunst«. In einem Text von Franz Marc heißt dort: *Der Ärger einiger Künstler deutscher Scholle, dass gerade Westwind weht, wirkt wirklich komisch. Sie bevorzugen Windesstille. Den Ostwind mögen sie nämlich auch nicht, denn von Russland her weht es denselben neuen Samen. Was ist da zu machen? Nichts. Der Wind fährt, wohin er will.* Marc beschwört daher *den ehrlichen Vergleich* als *einen Weg der Verständigung.*

UNZUFRIEDENHEIT

Maria Franck wurde am 1. April 1911 von ihren Eltern nach Sindelsdorf entlassen, erneut in Erwartung einer amtlichen Dispens. Die Blinddarmreizung war wohl überstanden. Franz führte seine Maria sogleich bei Marianne von Werefkin und Alexej von Jawlensky ein sowie Ende April bei Gabriele Münter und Wassily Kandinsky, die von Murnau aus nach Sindelsdorf kamen. Als optimistisch vorweggenommene Hochzeitsgabe für Maria hatte Franz im März ein Gemälde der Münter erworben: »Dorfstraße im Schnee«.

Helmuth Macke verlängerte sein Sindelsdorfer Intermezzo, logierte aber seit April in der Nachbarschaft und damit noch nahe bei Franz und Maria. Im Oktober mietete er dann zusammen mit dem Maler Heinrich Campendonk (1889–1957), den er aus der gemeinsamen Zeit an der Krefelder Kunstgewerbeschule kannte, eine Dreizimmerwohnung im Ort, was jedoch Spannungen zwischen den beiden hervorrief, sodass Helmuth Macke im Januar des Folgejahres Sindelsdorf den Rücken kehrte und in Berlin seinen einjährigen Militärdienst antrat. Sogar August Macke überlegte im fernen Bonn, sich der Sindelsdorfer Clique für einige Zeit anzuschließen. Mit seinen Briefen war es ja nicht weit her, worüber sich Marc im Januar beklagt hatte: *Du wirst für Deine Faulheit im Schreiben gestraft. Der gute Helmuth ist ganz bös, dass Du ihm kein Sterbenswörtchen über seinen Watteau schreibst; Du könntest doch wenigstens schimpfen [...], aber gar nichts ist ein bissel wenig, hörst Du?* Und im November bekommt er von Marc zu lesen: *Du tust schlauerweise, als ob Du von Deinen hochfliegenden Künstlerträumen gar nichts zu berichten hättest und umgehst so Deine verdammte Pflicht und Schuldigkeit, Deinen Freunden ausführliche Briefe zu schreiben. Du tust schon, als wenn Du überhaupt gar nichts gearbeitet hättest und keine ›inneren Kämpfe‹ beständest! Und kommt man hin, steht das ganze Haus voll von neuen Sachen.*

Da auch im April keine Dispens zu erlangen war, verwirklichten Maria und Franz Ende Mai / Anfang Juni kurzfristig ihr Vorhaben, in London die Eheschließung zu vollziehen, was dann jedoch vor Ort mangels Unterlagen zum Scheitern verurteilt war (s. S. 47). Sie ließen sich diesen Fehlschlag allerdings nicht anmerken, sondern nahmen bei ihrer Rückkehr Glückwünsche entgegen und gaben sich als Ehepaar aus. Maria Franck nannte sich fortan Maria Marc. Während ihres sommerlichen Besuchs in Sindelsdorf wurden Marias Eltern natürlich ebenfalls in dem Glauben gelassen. Bei Elisabeth Macke ist zu erfahren, dass Franz und Maria nach ihrem London-Aben-

Blaues Pferd. – Öl auf Leinwand, 112 x 84,5 cm, 1911. Städtische Galerie im Lenbachhaus, München.

teuer am 22. Juni wieder bei ihr und August in Bonn angelangt waren. *Sie erzählten, dass sie dort geheiratet hätten, aber viel später erfuhren wir, dass dies gar nicht möglich gewesen war, weil ihnen die dazu nötigen Papiere fehlten.* Marc muss gegenüber Macke auch sehr von Kandinsky geschwärmt haben.

Fast geht Franz Marcs zweite Münchener Ausstellung im Mai 1911 ein wenig unter, welche diesmal von der Galerie Thannhauser (s. S. 51) ausgerichtet wurde und bei der Kritik nicht gut wegkam. Maria beurteilt dies aus der Rückschau ganz anders: *Der grosse Durchbruch seiner schöpferischen Kraft hatte sich vollzogen.* Marc, von dem ca. 25 Arbeiten gezeigt wurden, teilte sich zwei Räume mit dem Maler Pierre Girieud, seines Zeichens Mitglied der »Neuen Künstlervereinigung München« sowie ein enger Freund Werefkins und Jawlenskys. Marcs Exponate waren danach in den Städten Barmen, Mannheim, Hagen und Münster zu sehen, darunter das Bild »Badende Frauen« von 1910, obwohl er in seiner Farbgebung inzwischen schon gereifter war.

Sichtbare Veränderungen

Der malerische Fortschritt Marcs ist gut nachzuvollziehen, wenn man zum Beispiel die »Weidenden Pferde I« von 1910 mit den »Weidenden Pferden IV« – den »Roten Pferden« – aus dem Jahr 1911 vergleicht. Schon 1910 begann Marc, die Bildidee der Pferdegruppe durch eine – wie er es selbst bezeichnete – *rhythmische* Anordnung der Tiere neu zu fassen, denn er suchte *den organischen* Rhythmus *aller Dinge zu steigern* und sich *pantheistisch einzufühlen*. In der Pferdegruppe von 1910 lässt sich das innere Zittern der Tiere gleichsam spüren.

Gegenüber dem älteren Bild ist die Gruppe auf dem 1911 entstandenen Gemälde um ein Tier reduziert, denn Marc ordnete hierbei *die Pferde im Dreieck* an, was er auch in einem Brief (2. 2. 1911) an Maria Franck betonte. Dadurch gelang es ihm, die Pferde zu einer symbolischen Einheit zusammenzufügen. Gab er die Tiere und die Landschaft auf dem älteren Bild noch in annähernd natürlichen Farben wieder, so malte er die Pferde nun in einem gelblichen Braun, womit der sich den »Wesensfarben« bereits annäherte.

Marcs eigener Farbsymbolik zufolge drückt sich in den Pferden also das Erdhafte und Ungezügelte, die unbändige Natur aus. Durch das Dreieck als Symbol des Geistes wird zudem der instinktiven Dynamik eine zum Geistigen aufsteigende Richtung gegeben. Die Grüntöne der Wiese sollen zwar den wilden Drang bändigen, aber *mit Grün bringst Du das ewig materielle, brutale Rot nie ganz zur Ruhe [...]. Dem Grün müssen stets noch einmal Blau (der Himmel) und Gelb (die Sonne) zu Hilfe kommen*, um die Materie zum Schweigen zu bringen, wie es Marc in seinem Brief vom 12. Dezember 1910 gegenüber Macke ausgedrückt hat (s. S. 62).

Daher wird ins Grün des Grases die Farbe Gelb gemischt, und bei den Büschen, dem Gestein im Vordergrund und den Mähnen der Pferde werden – ganz gegen die Natur – die Farben Blau oder Violett gewählt. Indem das linke, vordere Pferd in seiner Erregung ungezügelte Kraft ausströmt und das rechte, den Kopf zur Erde beugend, mit der Nahrungssuche beschäftigt ist, vermitteln diese beiden Pferde das Tierische. Das Pferd im Hintergrund dagegen, das mit seinem Kopf die Spitze des Dreiecks bildet und somit das Geistsymbol darstellt, blickt fast beschaulich in die dahinter sich ausbreitende Landschaft.

Die Dreizahl und das Dreieck versinnbildlichen in der Religions- und Kulturgeschichte auf vielfache Art ein umfassendes Prinzip, also Vollkommenheit und Harmonie, was etwa auch für die grundlegenden Farben Blau, Gelb und Rot gilt. Franz Marc nutzte für einen geradezu konstruktiven Bildaufbau zeitweilig bewusst geometrische Grundformen, und das wohl in Analogie zu Wassily Kandinsky, der besonders im Dreieck das innere, geistige Streben des Menschen symbolisiert sah. Den einzelnen Grundformen sind wiederum die einzelnen Grundfarben zuzuordnen. Außerdem finden sich bei Franz Marc Anklänge an den sogenannten »Cloisonismus«, einer Maltechnik, bei der die Figuren und Formen durch schwarze Umrahmungen voneinander »getrennt« sind.

Die vielleicht berühmtesten Bilder Marcs, nämlich »Die gelbe Kuh« und »Blaues Pferd I«, sind Werke des Jahres 1911. Während das hervorstechende Gelb – für Marc ein Symbol der Weiblichkeit – und der sich in Bewegung befindende ausgestreckte Körper der Kuh eine ungeheuere sinnliche Dynamik ausstrahlen, erscheint das »Blaue Pferd« geradezu kontemplativ. Es mag so wirken, dass Franz Marc den Tieren menschliche Eigenschaften mitgibt, im Grunde aber will er das ihnen eigene »Lebensgefühl«, ja ihr ureigenes Sein erfassen und sie der einseitig-menschlichen Betrachtung, die ihm nicht spirituell genug ist, entheben.

7 Wege in die Unabhängigkeit

DER COUP

Kandinsky und Marc hatten unabhängig voneinander den Gedanken gehegt, sich in geschriebener Form umfassender über ihre kunsttheoretischen Ansichten zu äußern, was ja auch eine Werbung für ihre Bilder bedeutete. Schriftstellerisch hatten sie inzwischen Erfahrungen gesammelt. Kandinsky hatte – laut seiner zweiten Frau Nina – *schon 1910* sein programmatisches Buch »Über das Geistige in der Kunst« *abgeschlossen*. Unter der Vermittlung Marcs sollte es schließlich im Dezember 1911 im Verlag Reinhard Pipers erscheinen.

Im Sindelsdorfer Malsommer 1911 widmete sich auch Maria wieder ganz ihrer Kunst, wobei sie sich in ihren Pflanzen- und Tierbildern durchaus am Stil August Mackes orientierte. Und Kandinsky ist zu Gast, denn so lang ist der Weg zwischen Murnau und Sindelsdorf nicht. Er war zeitweilig Strohwitwer, da sich Gabriele Münter bei Verwandten aufhielt sowie u. a. die Mackes in Bonn aufsuchte. Er und sie waren voneinander entzückt, was Elisabeth Macke eventuell bewogen haben mag, die Münter nicht allzu positiv zu beschreiben, nämlich als *eine kleine, schmächtige, äußerlich unscheinbare Person, die sehr temperamentvoll und begeistert von der Vereinigung, vor allem von Kandinsky erzählte*. Was den Künstler Kandinsky anbelangte, waren Münter und Marc einer Meinung, doch Kandinskys und Marcs Verhältnis zur »N.K.V.M.« hatte sich erkennbar verschlechtert.

Kandinsky war von der freundschaftlichen Aufnahme durch das »Ehepaar« Marc sehr angetan und sprach in einem Brief vom 11. August 1911 seinen Dank *für die schönen Tage* in Sindelsdorf aus. *Ich habe mich so riesig wohl gefühlt und warm.* Seiner russischen Seele war die Gastfreundschaft besonders wichtig. Er konnte Marc problemlos von seinem im Frühsommer 1911 gereiften Plan überzeugen, einen Almanach, also ein Jahrbuch, zu entwerfen und herauszugeben, in dem sich die führenden nationalen wie internationalen Künstler der Moderne zur Kunst der Avantgarde und zu der neuen antimaterialistischen, geistigen Epoche äußern sollten, freilich, wenn auch kritisch, im Sinne Marcs und Kandinskys; denn redaktionell wollten sie die Regie führen und sich nicht dreinreden lassen. Die Volkskunst sollte ebenso vertreten sein wie die bildenden Künste, die aktuelle Theater- ebenso wie die angesagte Musikszene. *In dem Buch muss sich das ganze Jahr spiegeln, und eine Kette zur Vergangenheit und ein Strahl in die Zukunft müssen diesem Spiegel das volle Leben geben*, schlug Kandinsky vor. Wiederum sollte Piper den verlegerischen Part übernehmen. »Der Blaue Reiter« war geboren. Die Namensgebung war sozusagen en passant verlaufen, wie Kandinsky späterhin berichtet hat (1930): *Den Namen ›Der Blaue Reiter‹ erfanden wir am Kaffeetisch in der Gartenlaube in Sindelsdorf; beide liebten wir Blau, Marc – Pferde, ich – Reiter. So kam der Name von selbst.* Nina Kandinsky erwähnt freilich, dass ihr Ehemann *bereits 1903 eines seiner Bilder* Der Blaue Reiter *getauft hatte* und ihm die *himmlische Farbe* Blau *ein kontinuierliches Leitmotiv* gewesen sei.

Kandinsky hat jedoch klar betont, dass die Redaktion des »Blauen Reiters« weder eine Künstlervereinigung mit einem Vereinsstatut noch eine Gruppe mit fester Mitgliedschaft sei, sondern ganz den beiden Künstlern obliege. *Marc und ich nahmen das, was uns richtig schien, was wir frei wählten, ohne uns um irgendwelche Meinungen oder Wünsche zu kümmern. So beschlossen wir, unseren ›Blauen Reiter‹ auf eine ›diktatorische‹ Art zu leiten. Die ›Diktatoren‹ waren selbstverständlich Franz Marc und ich.*

August Macke zog es im September 1911 nach Sindelsdorf, zumal er am Almanach mitwirken sollte. Zuvor hatten die Mackes eine Reise in den Schwarzwald und die Schweiz gemacht, die für Elisabeth mit einer Fehlgeburt endete. Sie fuhr zurück nach Bonn, er zu Maria und Franz. Wie zwischen den beiden Männern entstand auch zwischen Maria und Elisabeth ein regelmäßiger Briefwechsel, von ihnen mit dem Begriff »Klatschbriefe« bezeichnet. *Da schrieb Maria Marc mir am 11. Oktober einen Brief und bat mich inständigst, doch auch nach Sindelsdorf zu kommen.* Elisabeth ließ sich, wie es ihren Memoiren zu entnehmen ist, überreden und wurde von August und Franz am Münchener Bahnhof *freudig begrüßt.* Und weiter: *Am anderen Vormittag ging es hinaus nach Sindelsdörfchen, das schon tief in* spätherbstlicher Stimmung mit Nebeln von den nahen Mooren steckte und uns mit Stürmen und früher Kälte empfing. Wohl in dieser Zeit lernten die Mackes Jawlensky und die Werefkin kennen (s. S. 72f.), und sie trafen mit Helmuth Macke und Heinrich Campendonk zusammen (s. S. 83).

Ende Oktober begeben sich die Marcs und die Mackes nach Murnau und werden durch Kandinsky in der Nähe von Gabriele Münters Anwesen *sehr gut einlogiert*. Der Grund für die Zusammenkunft waren die entscheidenden Redaktionssitzungen für den geplanten Almanach, denn unterdessen begannen die Bemühungen der beiden Initiatoren Früchte zu tragen. Wahrscheinlich hatten einige Künstler bereits Texte geschickt, obwohl die Veröffentlichung noch in weiter Ferne stehen sollte. Elisabeth Macke hielt fest, dass *der »Blaue Reiter« in langen Sitzungen mit Kunstdebatten, Aufrufen, Vorschlägen für die Vorworte usw.* langsam Realität wurde. *Es waren unvergessliche Stunden, als jeder der Männer sein Manuskript ausarbeitete, feilte, änderte, wir Frauen es dann getreulich abschrieben.* Auch ihren ersten Eindruck von Kandinsky gab sie anbei wieder, nämlich dass er *ein merkwürdig fremder Typ* war, *ungemein anregend für alle Künstler, die in seinen Bann gerieten*. Sie bestätigte, dass er *etwas Mystisches, Phantastisches an sich* hatte, *gepaart mit seltsamem Pathos und einem Hang zur Dogmatik. Seine Kunst war eine Lehre, eine Weltanschauung.* Freilich so abgehoben war Kandinsky gar nicht, hatte er zum Beispiel doch die Vorliebe, sich in ländlicher Tracht zu kleiden.

Allerdings ärgerten sich die Mackes ein wenig. *So fanden wir es damals nicht sehr geschmackvoll, dass Marc und Kandinsky jeder mit seiner Amazone auf dem Plan erschien, während von August keine vollwertige Reproduktion eines Bildes gebracht werden sollte.* Verärgerung war aber auch bei Marc zu spüren, die u. a. in einem Brief an August Macke vom 23. Januar 1912 zum Ausdruck kommt: *Über etwas bin ich etwas böse: dass Du darüber nachdenkst, dass der Blaue Reiter Dich nicht reproduziert.* Im Brief vom 27. Januar steht: *Ganz so, wie Du es darstellst, ist es nun nicht mit dem ›Nicht-auffordern‹ zum Blauen Reiter. Du kamst so gründlich ›geladen‹ gegen [...] alles mögliche im Blauen Reiter und verwahrtest Dich gleich zu Anfang gegen eine Beteiligung mit Re-*

produktionen, so ähnlich wie Du es jetzt machst, wenn Du schreibst: ›Ich werde sehr schwer zu bewegen sein, etwas für den Blauen Reiter herzugeben etc.‹ Auf mich wirkt dies auch etwas großtuerisch. Denn geholfen kann einer Sache wie dem Blauen Reiter nur werden, indem wir uns mit unseren ganzen Kräften, ohne Empfindelei und Hinterhalt, in die Sache stellen. Mackes Brief, auf den Marc hier reagierte, hatte nicht mit Kritik gespart: Ich denke gerade darüber nach, dass der Blaue Reiter mich nicht reproduziert. Bis jetzt war ich davon überzeugt, dass andere wichtiger seien. [...] Eigenliebe, Pantoffelheldentum und Blindheit spielen bei dem Blauen Reiter eine große Rolle. Die großen Worte vom Beginn des großen Geistigen klingen mir immer wieder in den Ohren. – Gewollte oder ungewollte Missverständnisse; ein wenig Eifersucht, Eitelkeiten oder Konkurrenzneid? Am Ende werden Macke und Münter im Almanach berücksichtigt sein; Maria Marc jedoch nicht.

DIE ESKALATION

Es war absehbar, dass die Spannungen überhandnehmen würden. In weiser Voraussicht hatte Franz Marc seinen Freund August Macke schon im August 1911 davon in Kenntnis gesetzt, denn schließlich wollte er ihn in näherer Zukunft als Mitglied der »Neuen Künstlervereinigung München« sehen; einen Stimmenzuwachs konnte die fortschrittliche Seite nämlich gebrauchen. Der Jury, die über die Exponate für die dritte Ausstellung der »N.K.V.M.« im Dezember bei Thannhauser zu befinden hatte, drohte *eine Spaltung, respektive Austritt der einen oder anderen Partei; und die Frage wird sein, welche* bleibt. *Wir* wollen *die Vereinigung nicht aufgeben, sondern unfähige Mitglieder müssen raus.* Das war hart formuliert, traf aber den Kern der Sache, zumindest aus der Sicht von Marc und Kandinsky: In ihren Augen waren ein Erbslöh oder Kanoldt (s. S. 51f.) in ihrer künstlerischen Entwicklung stecken geblieben und nur mehr aufs *Nachäffen kubistischer Modeideen* ausgerichtet. Umgekehrt stießen Kandinsky und Marc mit ihrem Hang zur »Wesensfarbe« und zur Abstraktion, also zur Nichtgegenständlichkeit, sowie mit dem mystischen Impetus in ihrer Weltanschauung genauso wenig auf Verständnis.

Der Kubismus

Der Kubismus entstand ungefähr ab 1907 in Frankreich und trat die Nachfolge des Fauvismus (s. S. 64f.) an. Er brachte einen Stilbruch, wie ihn die europäische Kunst seit der Renaissance nicht mehr erlebt hatte: Die Kubisten wandten sich endgültig von der Nachahmung der Realität ab. Als Begründer dieser neuen Stilrichtung gelten Pablo Picasso und Georges Braque. Sie teilten mit Paul Cézanne die Überzeugung, dass die Wirklichkeit, wie sie gesehen wird, von der Malerei nicht dargestellt werden könne. Das Gesehene müsse auf bestimmte geometrische Grundfiguren zurückgeführt werden. Man ließ sich dabei von der Kunst alter Kulturen, wie von früher iberischer Plastik oder von afrikanischen Masken, anregen. Die Kubisten sahen in der äußeren Erscheinung nicht das Wesen des Objekts, sondern nur etwas Zufälliges und jederzeit Veränderliches, dessen detailgetreue Abbildung eigentlich die Aufgabe der Fotografie sei.

Die Malerei dagegen gehöre aufgrund ihrer Zweidimensionalität einer anderen Wirklichkeit an. Dementsprechend verzichteten die Kubisten darauf, Räumlichkeit durch perspektivische Verkleinerungen und durch Farbverwischungen vorzutäuschen, sondern konzentrierten sich auf die Fläche, die sie in geometrische Felder unterteilten. Um einen Gegenstand auf die Zweidimensionalität zu reduzieren, muss er also systematisch deformiert werden. Dabei entsteht das Volumen allein durch die Verwendung kubischer Formen wie Kugel, Kegel und Zylinder. Picassos großformatiges Gemälde »Les Demoiselles d'Avignon« (»Die jungen Mädchen von Avignon«) aus dem Jahr 1907 (»Museum of Modern Art«, New York), das erste rein kubistische Bild, gilt als entscheidender Meilenstein auf dem Weg zur modernen Malerei. Der Erste Weltkrieg setzte dem Kubismus ein Ende.

Es muss turbulent zugegangen sein bei den Jurysitzungen der »N.K.V.M.«, die sich über drei Tage bis zum 2. Dezember 1911 hinzogen. Dabei ging es vordergründig um Kandinskys abstraktes Ölgemälde »Komposition V«, über das sich einige der Herren echauffierten. Franz erzählte Maria sehr genau und vermutlich sehr aufgebracht, was sich so alles ereignet hatte, und sie teilte seine Schilderungen geradezu minutiös August Macke in Bonn mit; *es war ja das reine Theater*. Es gab Anträge und Abstimmungen, Vorwürfe, peinliches Schweigen und Stottern. Man verwahrte sich bei der eigenen Bildauswahl gegen jegliche Gängelung durch die Jury, verhandelte in geradezu absurder Weise über die maximale Größe der Bilder, wirkte mal mäßigend, mal wütend, flüchtete sich in die gewundene Rede, brüllte, drohte gar eine Ohrfeige an und hielt sich prinzipiell und wechselseitig für inkompetent. Das Ergebnis war, dass Kandinsky und Marc mit sofortiger Wirkung aus der »N.K.V.M.« austraten. Gabriele Münter und Alfred Kubin erklärten sich mit ihnen solidarisch und taten es ihnen gleich.

Von Jawlensky und Werefkin hatte man sich wohl auch den Austritt erhofft, doch der sollte erst Ende 1912 erfolgen, wodurch die »Künstlervereinigung« der Auflösung anheimfiel. *Dass Jawlensky und die Baronin nicht mit austraten*, schreibt Maria Marc, *hat persönliche, menschlich vollauf begreifliche Gründe, die wir respektieren. Sie haben sich vollkommen solidarisch mit unseren Ansichten erklärt und die Baronin, die noch abends zu Kandinsky kam, ließ keinen Zweifel darüber, dass sie die Zukunft der Vereinigung für völlig verloren hält.* – Das klingt eher diplomatisch. Man wollte die privaten Verbindungen sicher nicht gänzlich abbrechen.

Natürlich verzichtete die Restmannschaft der »N.K.V.M.« nicht auf ihre Ausstellung; sie hatte jedoch nicht damit rechnen können, dass es der Redaktion des »Blauen Reiters« innerhalb von zwei Wochen gelingen würde, eine unabhängige Gemäldeausstellung in die Wege zu leiten, die auch von der Galerie Thannhauser präsentiert wurde, wobei man wahrscheinlich schon etwas früher bei Heinrich Thannhauser vorgefühlt hatte und Kandinsky vorbereitet war; jedenfalls fanden die beiden Konkurrenzveranstaltungen zwischen dem 18. Dezember 1911 und dem 1. Januar 1912 zur selben Zeit und am selben Ort statt. Kandinsky, Münter und Marc zeigten aber nicht nur eigene Werke – wie die vom »N.K.V.M.« abgelehnte »Komposition V« oder »Die gelbe Kuh« (s. S. 87) –, sondern u. a. auch Arbeiten von August Macke, Campendonk, Niestlé, Arnold Schönberg, dem Komponisten, sowie den beiden Franzosen Henri Rousseau (1844–1910) und Robert Delaunay (1885–1941), dessen Bilder Marc hier zum ersten Mal sah, oder der Künstlerin Elisabeth Epstein (1879–1956).

Der in Paris geborene Delaunay hatte 1910 die Malerin Sonia Terk (1885–1979) geheiratet, die, wie ihre Bekannte und Kollegin Elisabeth Hefter (ab 1898 verheiratete Epstein), aus der Ukraine stammte. Hefter besuchte in München von 1896 bis 1904 die Malschule von Anton Ažbé (s. S. 71f.), wo sie mit Wassily Kandinsky und Alexej Jawlensky zusammentraf. So ergab sich über Elisabeth Epstein 1911 der Kontakt Delaunays zum »Blauen Reiter«. Rousseau hingegen hatte im Jahr zuvor durch eine Blutvergiftung sein Leben verloren. Er, der im Hauptberuf Zollangestellter und als Künstler Autodidakt gewesen war, gilt innerhalb der Strömungen des Postimpressionismus als Meister der Naiven Malerei oder als erster Vertreter des Magischen Realismus.

Robert Delaunay und der Orphismus

Der französische Dichter und Kritiker Guillaume Apollinaire (1880–1918) prägte Ende 1912 den Begriff »Orphismus«, als er circa sechs Wochen bei Robert und Sonia Delaunay verbrachte. Die Bezeichnung geht auf den sagenhaften griechischen Sänger Orpheus und damit auf die Antike zurück. Apollinaire wollte damit das Lyrische einer puren Ästhetik in der Kunst Delaunays andeuten, dessen Absicht es war, in der Entsprechung zur »reinen Musik« eine »reine Malerei« zu schaffen. Wohl haben Guillaume Apollinaire die »Fensterbilder« seines Malerfreundes angeregt, zumal er bei den Delaunays das Gedicht »Les Fenêtres« (»Die Fenster«) verfasst hat; und dennoch, der Begriff klingt gekünstelt und bleibt eher unverständlich. Auch die Abwandlung »Orphischer Kubismus«, welche der Dichter nachgeschoben hat, um den Maler Delaunay dieser Stilrichtung der Avantgarde zu verpflichten, ist nicht aufschlussreicher. Der Maler hat beide Bezeichnungen nicht auf sein Werk übertragen. Was den Dichter mit den kubistischen Künstlern verband, war nicht allein die bildhafte Ausdrucksstärke seiner Lyrik, die zum Surrealen neigte, sondern der Wunsch, dem Wesen der Dinge nachzuspüren.

Bekannt wurde Delaunay durch seine Eiffelturm-Bilder, durch die erwähnten »Fensterbilder«, durch Fußballstudien und nicht zuletzt durch die Auflösung des Gegenständlichen in abstrakten farbigen Kreisformen. Dabei steigerte er die gebrochene Bildkonstruktion des Kubismus (s. S. 92) durch prismatische Farbanordnungen. Somit übernimmt die Farbe alle Funktionen des Bildes: Sie erzeugt den Raum, das Licht, die Atmosphäre und die Formen. Die Farben werden dabei nicht mehr von außen durch das Licht beleuchtet, sondern bringen das Licht aus sich selbst hervor. Delaunay verstand die Farbe und das Sehen als Bewegung. Er gründete seine Farbenlehre auf die Farbtheorie Michel Eugène Chevreuls, mit der sich auch Franz Marc befasste, und legte sie in einer Reihe theoretischer Schriften nieder.

DIE KONSOLIDIERUNG

Zur ersten Ausstellung des »Blauen Reiters« hatte es einen Katalog gegeben, in dem auch ein Werbehinweis auf den Almanach abgedruckt war. Kandinskys Buch »Über das Geistige in der Kunst« war zu haben gewesen. Ein halbes Dutzend Bilder waren verkauft worden, wobei man sich erneut auf Bernhard Koehler senior hatte verlassen können. Auf einem Foto aus der Zeit, aufgenommen bei Münter und Kandinsky in München (Ainmillerstraße), steht er mitten unter seinen Künstlern. Die Preise für die Gemälde Marcs reichten damals von ein paar hundert bis zu 1000 Mark. In einem Brief an Gabriele Münter

Gruppenfoto, aufgenommen auf dem Balkon der Ainmillerstraße 31, München; v.l.n.r.: Maria und Franz Marc, Bernhard Koehler sen., Heinrich Campendonk, der russische Komponist Thomas von Hartmann und in der Mitte sitzend Wassily Kandinsky. – Fotografie, Winter 1911/12.

vom 23. Juli 1913 verkündete er stolz, der niederländische Pfarrer und Sammler Willem Beffie (1880–1950) habe drei Bilder erworben, darunter »Das arme Land Tirol« und »Die Weltenkuh« – *für 2600 Mk.!! [...] Ist das nicht großartig? Ich war vollkommen abgebrannt.*

Doch was bedeutet die Kunst in politischen Krisen- oder gar in Kriegszeiten? Franz Marc sollte Maria in einem Feldpostbrief (2. Februar 1916) zu den Bemühungen seines Berliner Galeristen Walden antworten: *Liebste, recht gefreut hab ich mich über Waldens Meldung, dass wieder was verkauft ist, das neue Schafbild 300 netto und 2 Holzschnitte, also 360 Mk. Du hast also bestimmt und ausreichend Geld vor Dir, – von mir kommen auch wieder 100 in den nächsten Tagen.*

Doch mit der ersten Präsentation des »Blauen Reiters« in München war es nicht getan, denn anschließend ging sie als Wanderausstellung nach Köln – August Macke hatte sich dafür eingesetzt –, daraufhin zur Eröffnung von Herwarth Waldens »Sturm«-Galerie nach Berlin (s. S. 105) sowie in andere deutsche Städte und 1914 auf Betreiben Waldens ins Ausland (Ungarn, Norwegen, Schweden und Finnland). Nach ihrem Austritt aus der »Neuen Künstlervereinigung München« waren auch Werefkin und Jawlensky mit Bildern vertreten, eventuell sogar schon früher, da Herwarth Walden – Nina Kandinsky zufolge – die Originalkonzeption der Ausstellung verändert habe. Allerdings hatten sich Jawlensky und die Werefkin bereits 1912 dem »Blauen Reiter« angenähert.

Der Galerist Hans Goltz (1873–1927) holte Anfang 1912 die zweite Ausstellung des »Blauen Reiters« in seine Buch- und Kunsthandlung, die er seit dem Jahr davor in München betrieb. Marc und Kandinsky war es gleich nach dem ersten Erfolg gelungen, 300 kleinformatigere Werke – Aquarelle, Zeichnungen, Radierungen und Holzschnitte – von deutschen, französischen und russischen Künstlern aufzubieten, darunter natürlich auch eigene Arbeiten. Hauptsächlich kam die Ausstellung jedoch zustande, weil Franz Marc sich für die in München weitgehend unbekannten Maler der im Jahr 1905 gegründeten Künstlergemeinschaft »Die Brücke« einsetzen wollte und kurz zuvor, laut Kandinsky, von *seiner Berliner Reise einen Riesenstoß Aquarelle* mitgebracht hatte.

Kandinsky war zunächst freilich skeptisch gewesen, hatte sich dann aber offenbar von Marc und der Qualität der Arbeiten überzeugen lassen. Im Nachhinein gestand er allerdings, dass er *eine große Freude nicht nur an den Blättern, sondern an der strahlenden Begeisterung Marcs für seine Entdeckung* hatte. Von Maria Marc waren übrigens auch einige wenige Bilder zu bewundern, versehen mit dem Urhebervermerk: »Maria Franck-Marc, Sindelsdorf, Oberbayern«. Die Ausstellung bei Goltz fand unter dem Titel »Schwarz-Weiß« vom 12. Februar bis zum 18. März 1912 statt; und sie wurde ebenfalls in anderen Städten vorgestellt, so etwa in Köln.

Nina Kandinsky geht diesbezüglich noch einmal auf die Eigenmächtigkeit Herwarth Waldens ein, der diese zweite Ausstellung – allerdings nur teilweise – in Berlin präsentierte: *Er zeigte sie 1913 auf dem »Ersten Großen Herbstsalon« im »Sturm« und wählte diesmal den unmissverständlichen Titel »Freundeskreis des Blauen Reiters«. Leider nahm er in den »Freundeskreis« auch Mitglieder der inzwischen aufgelösten »Neuen Künstlervereinigung« auf. Dass in dieser Künstlergruppe nicht nur die Freunde Kandinskys und Marcs zu finden waren, dürfte [...] hinreichend klar sein.*

Die Veröffentlichung des Almanachs ließ freilich auf sich warten. Es wird – wie es schon bei der Gründung des »Blauen Reiters« im Oktober gewesen war – inhaltliche Diskussionen zuhauf sowie Diskussionen über die Gestaltung gegeben haben. Wie immer stand die Finanzierungsfrage an, und es war klar, dass das Vorhaben ohne Mäzenatentum nicht klappen konnte, zumal Reinhard Piper sein verlegerisches Risiko in Grenzen halten würde. Außerdem hatte man eher zu viele schriftliche Beiträge, sodass bereits Überlegungen zu einem Folgeband angestellt wurden, denn *geplant war*, erinnert sich Nina Kandinsky, *den Almanach in zweijährigem Turnus herauszugeben.* Anfänglich dachten die beiden Redakteure an eine jährliche Erscheinungsweise, dann wohl an zwei Jahre und schließlich an ein unregelmäßiges Erscheinen des Almanachs. Mitte 1914 dachte Franz Marc schließlich darüber nach, den nächsten Almanach allein herauszugeben, da sich Kandinsky Monate zuvor aus dem Projekt zurückgezogen hatte, um sich mehr auf seine Malerei konzentrieren zu können. Die organisatorischen Arbeitsabläufe waren sehr zeitraubend. Es wird jedoch bei der einen Ausgabe bleiben.

Mit dem Kunsthistoriker Hugo von Tschudi (1851–1911), ab 1909 Leiter der staatlichen Galerien in München, war im vergangenen November ein idealer Förderer des »Blauen Reiters« verstorben, der den Künstlern schon bei der ersten Ausstellung in der Galerie Thannhauser (s. S. 93f.) geholfen hatte. Doch letztlich konnte der erste Almanach trotz mancher Schwierigkeiten verwirklicht werden. Nina Kandinsky hat dies genauer beschrieben. Die Redakteure Marc und Kandinsky *hatten das seltene Glück gehabt, für ihre Idee einen Mäzen zu finden. Ohne den Berliner Sammler Bernhard Koehler wäre der Almanach vielleicht ein Wunschtraum Kandinskys geblieben, doch Koehler ermöglichte den Druck finanziell durch eine Absatzgarantie. Denn der kommerzielle Erfolg des Almanachs war mehr als fraglich.* Der noble Berliner Mäzen hatte einige Tausend Mark aufzubringen, bevor der Almanach »Der Blaue Reiter« im Mai 1912 endlich erschien. Und noch aus einer anderen Berliner Quelle war mit 500 Mark ein durchaus beachtenswerter Zuschuss gekommen, nämlich von Philipp Franck, Marias Vater.

Dass ihr Almanach im Laufe des 20. Jahrhunderts als ein wichtiges Zeugnis der frühen künstlerischen Avantgarde betrachtet werden und zahlreiche Auflagen sowie zahlreiche Übersetzungen erfahren würde, haben Kandinsky, Marc und Piper wohl nicht zu ahnen vermocht. August Macke in Bonn hat den Erhalt des Almanachs kurz nach seiner Veröffentlichung jedenfalls freudig und ein wenig spöttisch quittiert: *Lieber Franzl! Vielen Dank für den Blauen Reiter! Also ist er doch noch erschienen. Und er ist ganz gut geworden. Rein geistig genommen, erscheint mir das Buch im Gegensatz zu anderen Büchern einstweilen wie ein Floh, der auf einer Mahagony-Tischplatte mit lebhaftem Zock-Zock herumspringt, über den man (die Leute) sich ärgert und den doch keiner kriegen kann. Gott sei ihm gnädig!*

Almanach »Der Blaue Reiter«

Bereits ein Brief Wassily Kandinskys vom 10. Juni 1911 an Franz Marc enthält das Konzept des Almanachs: eine Synthese der unterschiedlichen Kunstformen (wie Malerei, Musik, Theater) sowie der Kunst verschiedener Zeitalter, Kulturen und Länder. Reinhard Piper wollte die Titelseite lieber an Marc vergeben, aber Kandinsky bestand darauf, diese selbst zu gestalten, wozu eine Reihe von Entwürfen existiert. Das für die Titelseite ausgewählte Bild stellt den Sieg des hl. Georg über den Drachen dar, als Symbol für den Triumph des Geistigen über das Materielle.

Marc übernahm die drei Eingangsartikel. In dem Aufsatz »Geistige Güter« klagt er: *Es ist wahnsinnig schwer, seinen Zeitgenossen geistige Geschenke zu machen.* Trotzdem gibt er seiner Hoffnung Ausdruck, dass der Geist sich schließlich doch gegen das Materielle durchsetzen werde. Der Titel des zweiten Artikels »Die ›Wilden‹ Deutschlands« lehnt sich an den französischen Begriff »Fauves« an, zu Deutsch »die wilden Tiere« (s. S. 64f.). Marc wählte ihn bewusst als Sammelbegriff für die künstlerischen Erneuerungsbewegungen wie »Die Brücke« in Dresden, die »Neue Secession« in Berlin und die »Neue Künstlervereinigung« in München. Ihre Waffen seien ihre neuartigen Gedanken, die besser töteten als Stahl und deshalb über das festzementierte Alte siegen würden. In der Kunst ginge es um nicht weniger als um eine *Neugeburt des Denkens*, denn *die Mystik erwachte in den Seelen*. In dem Beitrag »Zwei Bilder« (1911) vergleicht Marc eine Illustration zu Grimms Märchen aus dem Jahr 1832 mit Kandinskys Bildaussagen und erklärt, dass den Bildern die Echtheit gemeinsam sei, weil sie jeweils das Innerliche und somit den Geist ihrer Zeit ausdrücken.

Neben weiteren Artikeln zur bildenden Kunst stehen Beiträge Arnold Schönbergs und seines russischen Kollegen Thomas von Hartmann (1885–1956), in denen sie über die »Innerlichkeit« und die »eigene Empfindung« in der neuen Musik schreiben. Von Hartmann hatte 1911 die »Neue Künstlervereinigung« ebenfalls verlassen. Der russische Militärarzt, Maler, Kunst- und Musiktheoretiker Nikolai Kulbin (1868–1917) setzt sich in einem Beitrag mit der Grundstruktur der freien Musik auseinander.

Außerdem enthält der Almanach Kandinskys Bühnenstück »Der gelbe Klang«, das von Hartmann vertont hat. Nina Kandinsky legt dar, dass ihr Mann in seinem Bühnenstück *die verschiedenen Medien wie Bild, Musik, Aktion, Licht und Bewegung in einer großen Symphonie einander anzunähern und in ihrem Zusammenwirken zu veranschaulichen* suchte. In seinem theoretischen Aufsatz »Über die Formfrage« spricht er von der Kraft des *höherstrebenden Geistes*, der *die schwarze todbringende Hand* des Materialismus besiegen werde, was sehr an die theosophische Idee von einem kosmischen Bewusstsein erinnert.

Die 144 Abbildungen des Almanachs repräsentieren die verschiedensten Kunstepochen, Stilrichtungen und Kulturen. Mittelalterliches ist neben Asiatischem zu sehen, bayerische Hinterglasbilder und Kinderzeichnungen neben vielen Werken der modernen Kunst. 1914 erschien der Almanach »Der Blaue Reiter« in der zweiten Auflage.

8 Die reife Zeit

ERNEUT KOLLEGIALE KONTAKTE

Zur Weihnachtszeit 1911, genauer: am 23. Dezember, begab sich das »Ehepaar« Marc zum Elternpaar Franck nach Berlin. Man blieb bis Ende Januar; denn Franz hatte nicht bloß die gemeinschaftliche Weihnachts- und Silvesterfeier im Sinn, sondern vor allem neue geschäftliche Kontakte und anregende Besuche, die auch Maria mit wahrnehmen wollte. Sie dachte freilich nach wie vor daran, mit Franz eine »richtige« Familie zu gründen, hatte Elisabeth Macke doch in ihrem an beide gerichteten Weihnachtsgruß Maria gewünscht, dass *unterm nächsten Weihnachtsbaum ein Christkindchen in Windeln gewickelt liegen* möge. Maria bemerkte ihr gegenüber im Februar, dass es Franz und ihr im Großen und Ganzen gutgehe, *wenn auch manches zu wünschen und zu sehnen übrig bleibt – trotz Frühling – Liebe und – Doktor! Aber wir hören nicht auf zu hoffen* (s. S. 49).

Franz Marc wollte Künstler der Dresdner »Brücke« kennenlernen, die zu dieser Zeit in die Hauptstadt umgezogen waren, um sich auf dem vielversprechenden Berliner Kunstmarkt zu etablieren (s. S. 54f.). So schloss er im Januar Bekanntschaften mit den Malern Max Pechstein, Ernst Ludwig Kirchner sowie Erich Heckel und brachte ihnen den »Blauen Reiter« nahe. *Heute Vormittag waren wir bei Pechstein und Kirchner; bei denen weht wirklich künstlerische Luft. Ein Riesenmaterial für unsre Schwarz-Weiß-Ausstellung, an der sie gern und* ohne jede Prätention *mittun*, schrieb Marc Anfang Januar aus Berlin an Kandinsky. Gut zwei Wochen später berichtete er ihm sehr anschaulich von einem Besuch bei Erich Heckel und seiner Lebenspartnerin, der Tänzerin Milda Frieda Georgi (1891–1982), die sich den Künstlernamen »Sidi Riha« zugelegt hatte. *Als wir weggingen, hatten wir beide das Gefühl, bei zwei Kindern gewesen zu sein. In einer ärmlichen Dachkammer sitzt die kleine Tänzerin in einem hellblauen Samtkleid, mit wunderschönen Silberspangen, die Heckel ihr angefertigt hat. Maria brach sofort auf ihrem von bemalten Latten zusammengenagelten Stuhl zusammen; wir beide kamen*

uns überhaupt wie ungeschlachte Bären dort vor. Die Kunst He-
ckels ist sehr versteckt, mit einem sehr frommen, tiefen Sinn, der
mehr das feine Echo, oder besser gesagt, der Gegenklang dessen ist,
was man ganz zuerst vor der Leinwand spürt.

Über die expressionistischen Maler Emil Nolde und Otto
Mueller war eine Beziehung zur Berliner »Neuen Secession«
entstanden (s. S. 55). *Mueller ist mir als Mensch riesig sympa-*
thisch, hat eine reizende Frau, die ein paar fabelhafte Terrakotten
gemacht hat. Er selbst ist scheu und liebenswürdig zugleich, – ich
glaube, ›er ist ein Träumer stets und hängt am Weibe‹, seine Sachen
sind weich, oft furchtbar unsicher und manchmal wunderschön, erfährt Kandinsky in einem Brief vom 10. Januar 1912. Sie alle
werden mit Reproduktionen im Almanach »Der Blaue Reiter«
bedacht.

GALERISTEN

Zudem startete Marc den Versuch, in Berlin einen Kunsthändler zu finden, der für seine Bilder resp. den »Blauen Reiter« die
Vertretung übernehmen würde. Ein erstes Treffen mit dem Galeristen Paul Cassirer, der den Begriff »Expressionismus« mit
geprägt haben dürfte (s. S. 53), schlug jedoch fehl, worüber
Kandinsky im oben genannten Brief unterrichtet wurde. *Cassi-*
rer sprech ich wahrscheinlich morgen oder übermorgen. Ich war
kürzlich dort, wurde aber nicht – vorgelassen! Cassirer war eben
von einer Reise zurück und von zu viel Arbeit umgeben. Ich ging
wütend weg und hab mich noch nicht wieder entschließen können,
ihn telephonisch um eine Unterredung zu bitten. Ich mach es schon
noch. Trotz eines ermutigenden Auftakts, nämlich einer gemeinsamen Fahrt nach Dresden im Februar und einiger Artikel
für die Kunst- und Literaturzeitschrift »PAN«, die bei Cassirer
von 1910 bis 1915 erschien – ab 1912 unter der Herausgeber-
schaft des Kritikers Alfred Kerr (1867–1948) –, kam es zwischen dem Galeristen und Franz Marc zu keiner Übereinkunft.
Letzterer war dann – diversen brieflichen Äußerungen nach –
auch nicht mehr gut auf Cassirer zu sprechen.

In drei aufeinanderfolgenden Ausgaben der Zeitschrift
»PAN« setzte sich Franz Marc vehement für die neue Kunst

ein. So in dem Artikel »Die neue Malerei« (7. März 1912), in dem er betonte, dass die Impressionisten nur die äußerliche Seite der Natur dargestellt hätten, die moderne Malerei hingegen die *innere, geistige Seite* wiedergeben wolle. Mit dem Artikel »Die konstruktiven Ideen der neuen Malerei« (21. März) führte er die Thesen des ersten fort. Die Generation der modernen Maler fühle den Drang nach der *Erforschung der metaphysischen Gesetze, den bisher fast nur die Philosophie praktisch kannte.* In derselben Ausgabe polemisierte der Maler Max Beckmann (1884–1950), der für die gegenständliche, figurative Malweise eintrat, massiv gegen die Ansichten Marcs, dergestalt, dass sich im künstlerischen Sinn *für den pfirsichfarbenen Schimmer einer Haut, für den Glanz eines Nagels, für das künstlerisch Sinnliche, was in der Weichheit des Fleisches, in der Tiefe und Abstufung des Raumes, nicht nur in der Fläche* liege, die wahre Qualität ausdrücke. Marc antwortete darauf erbost in dem Artikel »Anti-Beckmann« vom 28. März: *Mit* Qualität *bezeichnet man die* innere Größe *des Werkes, durch die es sich von Werken der Nachahmer und kleinen Geister unterscheidet.* Ein Förderer Max Beckmanns war der Verleger Reinhard Piper.

Nein, da erging es Franz Marc mit dem Berliner Galeristen Herwarth Walden erheblich besser. Dieser hatte 1910 zusammen mit dem Schriftsteller Alfred Döblin (1878–1957) eine Zeitschrift gegründet, die den herausfordernden Namen »Der Sturm« trug und sich in essayistischer Weise mit expressionistischer Literatur befasste. *Der Polemik und der Kritik in Wort und Linie wird weitester Raum gewährt.* Mit seiner gleichnamigen Galerie war Walden für Cassirer ein ernst zu nehmender Rivale; und er wurde in den kommenden Jahren Marcs erfolgreichster Kunsthändler, denn der Künstler verließ 1913 den Galeristen Goltz in München (s. S. 97). Allerdings hat Paul Cassirer 1920 zusammen mit der Herausgeberin Maria Marc die erste Sammlung der »Briefe, Aufzeichnungen und Aphorismen« von Franz Marc in zwei Bänden veröffentlicht (darunter auch Briefe aus dem Krieg). Eine kluge geschäftliche Entscheidung des Galeristen und Verlegers in einer Person, zumal Walden da schon wieder aus dem Rennen war.

Herwarth Walden – »Der Sturm« – die »Sturm«-Galerie

Der Pianist, Schriftsteller, Verleger und Galerist Herwarth Walden brachte erstmals am 3. März 1910 in Berlin die Zeitschrift »Der Sturm – Wochenschrift für Kultur und die Künste« heraus. Die anfänglich wöchentliche Erscheinungsweise konnte jedoch nicht beibehalten werden. Nach einer Übergangsfrist, in der die Zeitschrift alle zwei Wochen herauskam, wurde 1915 ein Monatsheft daraus. In einem Werbeprospekt bezeichnete Walden die Zeitschrift als »Blatt der Unabhängigen«. Er meinte damit, dass nur Persönlichkeiten zur Sprache kommen sollten, *die eigene Gedanken und eigene Anschauungen haben*. Jede Art von Journalismus und Feuilletonismus wollte er ausgeschlossen wissen. Stattdessen sollte Literaten und anderen Künstlern eine Möglichkeit geboten werden, neuartige Texte zu veröffentlichen, was Franz Marc in den Jahren 1912 und 1913 tat.

Schon im Jahr 1910 brachte »Der Sturm« Gedichte von Else Lasker-Schüler (1869–1945), Waldens erster Ehefrau. Auch französische Dichter wie Guillaume Apollinaire (s. S. 94f.) waren bis zum Ersten Weltkrieg gern gesehene Autoren. 1912 ließ sich Herwarth Walden von Else Lasker-Schüler scheiden und heiratete die schwedische Malerin, Schriftstellerin und Kunstsammlerin Nell Roslund (1887–1975).

Am 12. März desselben Jahres eröffnete er mit den Münchener Exponaten des »Blauen Reiters« seine legendäre »Sturm«-Galerie. Diese war mit ihren modernen Bildern ein ausgezeichnetes Pendant zur Zeitschrift der Literaten. Die zweite Ausstellung widmete Walden den italienischen Futuristen (s. S. 110f.); in der dritten wurden Grafiken französischer Künstler, darunter Gauguin und Picasso, gezeigt. Nach dem Erstarken der Nazis emigrierte Walden mit seiner Familie 1932 nach Moskau, was zugleich das Ende der Zeitschrift bedeutete. Er starb 1941 in einem stalinistischen Gefängnis.

FREUNDE UND AUSSTELLUNGEN

Durch die Bekanntschaft mit Alfred Kubin hatte sich der Schweizer Grafiker Paul Klee (1879–1940) Ende 1911 der Redaktion des »Blauen Reiters« anschließen können, obwohl die zu dieser Zeit von ihm geschäftlich geführte expressionistische Münchner Künstlervereinigung »Sema« (s. S. 70) durchaus eine Konkurrenz darstellte. Die Vereinigung sollte sich allerdings 1913 auflösen. Anfang 1912 hatte er an der zweiten Ausstellung des »Blauen Reiters« in der Buch- und Kunsthandlung Goltz (s. S. 97) mit 17 Grafiken teilnehmen können. Paul Klee hatte zwar vom Oktober 1900 bis zum März 1901 an der Münchener Kunstakademie studiert, war aber erst im Jahr 1906 auf Dauer nach München gezogen. Noch im selben Jahr hatte er die Pianistin Lily Stumpf (1876–1946) geheiratet. Seit 1912 pflegte das Paar eine freundschaftliche Verbindung mit Franz und Maria Marc, zumal Maria ihres eigenen Klavierspiels wegen besonders Lily Klee zugeneigt war. Diese sorgte mit ihren Klavierstunden für das Auskommen der Familie, also für Paul, den vierjährigen Sohn Felix und sich. Im Juni fand ein Treffen in Sindelsdorf statt. Zwei Monate davor war Paul Klee dem französischen Maler Robert Delaunay (s. S. 94f.) in Paris persönlich begegnet, denn auch die Klees waren von der Stadt an der Seine ganz hingerissen. Delaunay und Klee hatten künstlerisch allerdings nicht viel gemeinsam.

Zum zweiten Geburtstag Walter Mackes (am 13. April) malte Franz Marc ein »Blaues Pferdchen« für ihn. Leider erkrankte das Kind an Scharlach, sodass ein vereinbarter Besuch der Marcs in Bonn vom Mai auf den September 1912 verschoben werden musste. Vorab hielten sie sich in Frankfurt am Main auf, da der renommierte Kunstsalon Ludwig Schames die dritte Einzelausstellung mit Werken Franz Marcs veranstaltete. Der in Frankfurt geborene Kunsthändler Ludwig Schames (1852–1922), dessen Galerie bis auf das Jahr 1895 zurückreichte, setzte sich besonders für den »Brücke«-Maler Ernst Ludwig Kirchner (s. S. 54f.) ein. Inzwischen war ja auch der Almanach »Der Blaue Reiter« erschienen (s. S. 99ff.).

Zwischen Mai und September 1912 lockte in Köln mit weit über 600 Werken, verteilt auf 29 Ausstellungssäle, eine gigantische Retrospektive der modernen Malerei, die auch die aktuellen Strömungen berücksichtigte. Ausgerichtet wurde sie von dem 1909 in Düsseldorf gegründeten einflussreichen »Sonderbund Westdeutscher Kunstfreunde und Künstler«, der u. a. auch die »Neue Künstlervereinigung München«, die »Blauen Reiter« oder die Berliner »Brücke« eingeladen hatte. Weil die Jury jedoch in den Augen des »Blauen Reiters« eine zu strikte Auswahl traf und Bilder abwies, nahm man quasi nur unter Protest teil, blieb der Eröffnung fern und organisierte in Waldens Berliner »Sturm«-Galerie eine Schau der abgelehnten Werke, die dort von Mitte Juni bis Ende Juli 1912 als »expressionistische« Gemälde vorgestellt wurden. Zu den Künstlern in Herwarth Waldens Galerie zählten nun wieder Alexej Jawlensky und Marianne von Werefkin, die sich mit Marc und Kandinsky solidarisch erklärt hatten. Die gemeinsamen Interessen lösten den seit Ende des vergangenen Jahres schwelenden Konflikt auf (s. S. 93), weshalb niemand mehr etwas dagegen hatte, Bilder der beiden in der Wanderausstellung des »Blauen Reiters« zu sehen.

Franz Marc ging noch einen Schritt weiter und veröffentlichte in der Juni-Ausgabe der Zeitschrift »Der Sturm«, die finanziell vermutlich ums Überleben zu kämpfen hatte, eine Streitschrift über die »Ideen des Ausstellungswesens«. *Die Friedfertigen werden das Himmelreich nicht sehen. Unzufriedenheit ist ein wunderbares Ferment. Wir sind unzufrieden und erwarten den Dank aller, die das Bessere wollen.* Denn, so lautet sein »Fundamentalsatz«, *Künstler sind nicht von den Ausstellungen abhängig, sondern die Ausstellungen ganz und gar von den Künstlern.* Die Künstler müssten also an der Konzeption der Ausstellung mitwirken. Nur dann würden sie nicht nur ausgestellt, sondern stellten auch gleichermaßen aus. Der Künstler selbst sei nämlich berufen, seine »Ideen« mitzuteilen; die Ausstellungsleitung übernehme nichts als die praktische Umsetzung der Veranstaltung.

INSPIRATIONEN

August Macke hatte an der Organisation der »Sonderbund«-Schau mitgewirkt, sodass Franz und er zeitweilig nicht so gut aufeinander zu sprechen waren. Als die Marcs im September 1912 bei den Mackes in Bonn eintrafen, scheint die Verstimmung aber bereits ausgeräumt gewesen zu sein, denn Maria und Franz besuchten die Kölner Ausstellung *doch* noch knapp vor Torschluss, waren allerdings wohl nicht so recht davon begeistert. Zusammen mit Macke begaben sie sich am nächsten Tag, dem 26. September, kurzerhand auf eine Reise – natürlich nach Paris, um sich lieber vor Ort inspirieren zu lassen. Elisabeth Macke konnte die drei Kunstbesessenen nicht begleiten. Das Söhnchen Walter hatte sich zwar anscheinend von der Krankheit erholt, aber Elisabeth war erneut schwanger. Wolfgang, der zweite Sohn der Mackes, sollte am 8. Februar 1913 zur Welt kommen.

Außer beim Pariser »Herbstsalon« (»Salon d'Automne«; s. S. 64), der sie enttäuschte, und außer bei Kunsthändlern sowie einigen Privatsammlungen – etwa dem Salon der amerikanischen Autorin Getrude Stein (1874–1946) – hielten sie Einkehr bei dem Kubisten Henri Le Fauconnier (1881–1946), den Marc aus »N.K.V.M.«-Zeiten kannte, bei Elisabeth Epstein in dem Städtchen Montmorency (nördl. von Paris), die Delaunay beim »Blauen Reiter« empfohlen hatte (s. S. 94), und nicht zuletzt bei Robert und Sonia Delaunay selbst. Franz Marc konnte ja bekanntlich sehr gut Französisch. Auch August Macke war die Sprache einigermaßen geläufig. Er und Delaunay waren sich dafür in ihrer Bildsprache umso näher. Marc sah hingegen in Delaunay einen Impressionisten, und Delaunay distanzierte sich von Marcs »Mystizismus« in der Kunst. Selbstverständlich wurde ihr Briefwechsel dazu in französischer Sprache geführt.

An Paul Klee ergeht am 8. Oktober die Nachricht: *Viele Grüße von Delaunay, den wir in Paris besuchten und der uns sehr interessierte, fast als einziger der jungen Franzosen*. Für Henri Le Fauconnier findet Marc in einem Brief (5.10.1912) an Kandinsky keine sehr vorteilhaften Worte: *Le Fauconnier erschien mir als müder, eitler Mensch, ohne Können. Seine früheren Sachen* [...]

August und Elisabeth Macke mit ihrem Sohn Walter in Bonn.
– Fotografie, 1912.

mag ich auch jetzt noch, nur fühle ich sehr diese schlappe Müdig-
keit in ihnen, die seine ganze Person darstellt.

Wieder in Bonn machten sich August und Franz – mit spie-
lerischer Freude im Zusammenwirken – daran, auf eine Wand
des Ateliers ein Ölgemälde aufzutragen, welches das biblische
Paradies noch in seinem sündenfreien Urzustand abbildet.
Dieses ca. vier Meter hohe und zwei Meter breite Wandstück ist
tatsächlich erhalten geblieben und befindet sich im LWL-Museum für Kunst und Kultur in der Stadt Münster (s. S. 158).

Für Marc und Macke war es ein Glücksfall, dass der Galerist Herwarth Walden just in diesen Tagen eine Ausstellung italienischer Futuristen nach Köln brachte. Der »Gereonsklub von Künstlern und Kunstfreunden«, der 1911 entstanden war, nahm die Ausstellung unter seine Obhut. Dem Neumitglied Macke gelang es gemeinsam mit Franz Marc, hier auch für Paul Klee eine Präsentation in die Wege zu leiten (November 1912). Zunächst aber halfen sie Walden beim Hängen der futuristischen Bilder, von denen Marc sehr beeindruckt war, sodass er in München die Ende Oktober 1912 an die Galerie Thannhauser weitergeleitete Ausstellung prompt noch einmal aufsuchte. Gleichzeitig waren in der Münchener Kunsthandlung Paul Ferdinand Schmidts (1878–1955) Gemälde des Expressionisten Emil Nolde (s. S. 55) zu sehen, die Franz und Maria ebenfalls in Augenschein nahmen. Der Kunstmarkt war sehr lebendig, und es ergaben sich trotz mancher Animositäten vielfache Verknüpfungen. Wie schrieb Maria doch an Elisabeth Macke am 7. November 1912? *Bei Schmidt, der einen sehr behaglichen Ausstellungsraum hat, hängt jetzt Nolde, dessen Bilder ich dort furchtbar gern habe. München wird jetzt unausgesetzt ›neue Kunst‹ sehen – soviel es sich sträubt.*

Der Futurismus
Der in Italien entstandene Futurismus sah sich von Anfang an als eine Bewegung der Avantgardekunst, mit dem Ziel einer alle Lebensbereiche umfassenden Kulturrevolution. Der Schriftsteller Filippo Tommaso Marinetti (1876–1944) veröffentlichte am 20. Februar 1909 ein kämpferisches und aggressives Manifest in der Pariser Tageszeitung »Le Figaro«, in dem er die Forderung einer zukunftsgerichteten Kunst und einer neuen, an der Technik orientierten Ästhetik mit der Verherrlichung des Krieges verband: *Wir erklären, dass sich die Herrlichkeit der Welt um eine neue Schönheit bereichert hat: die Schönheit der Geschwindigkeit. Ein Rennwagen [...] ein aufheulendes Auto, das auf Kartätschen zu laufen scheint, ist schöner als die Nike von Samothrake [...] Schön-*

heit gibt es nur noch im Kampf. Ein Werk ohne aggressiven Charakter kann kein Meisterwerk sein [...] Wir wollen den Krieg verherrlichen – diese einzige Hygiene der Welt. Mitunterzeichner waren die italienischen Künstler Umberto Boccioni, Carlo Carrà, Luigi Russolo, Giacomo Balla und Gino Severini.

Die Idealisierung der Technik und der Geschwindigkeit tauchte in allen weiteren futuristischen Manifesten auf. In der Malerei versuchte man durch Farbkombinationen und Abstraktion die Gleichzeitigkeit von Raum-, Zeit- und Geräuschwahrnehmungen hervorzurufen. Die Gegenstände wurden in fließende und ineinandergreifende dynamische Phasen aufgelöst. Auf diese Weise wurde es möglich, Zeit bildlich darzustellen. Mit der künstlerischen Radikalität verband sich jedoch ein übersteigerter Patriotismus, der im Ersten Weltkrieg etlichen Futuristen das Leben kostete. Durch den politischen Ehrgeiz Marinettis geriet die Bewegung in den Einflussbereich des italienischen Faschismus. – Beim Kubofuturismus handelt es sich um eine russisch-futuristische Variante, der Elemente des Kubismus (s. S. 92) beigefügt sind.

Auch wenn Franz Marc 1912/13 nur die künstlerischen Aspekte interessierten, kann nicht außer Acht gelassen werden, dass er aufgrund seiner eindeutigen Kriegsbegeisterung zu Beginn des Ersten Weltkriegs in die Nähe der aggressiven futuristischen Aussagen aus der Vorkriegszeit gelangte.

STILENTWICKLUNGEN

In einem Schreiben vom 11. Oktober 1912 äußert sich Franz Marc gegenüber Paul Klee sehr positiv zu den Futuristen: *Wir sind ganz überrascht, wie gut sie sind, glänzende Bilder; das dumme Geschrei gegen sie ist wirklich unfasslich.* Und Kandinsky erfährt aus einem am 23. Oktober in Sindelsdorf verfassten Brief, wie hervorragend die futuristischen Maler seien, obgleich sie dem Impressionismus und dem strengsten Natu-

ralismus verhaftet blieben: *Es sind nicht die Ideen des Bl. Rei-*
ters und das, was Sie als Kommendes sehen; aber ich glaube, dass
wir uns beide (ich für meinen Teil jedenfalls) geirrt haben, wenn
wir dachten, dass sich der Naturalismus in Picasso in die letzte
mögliche Form verflüchtigt hat. Ein kurzer Beitrag von Marc
über »Die Futuristen« steht zudem in der Oktober-Nummer
des »Sturms«. Ein wohlwollender Artikel Marcs über »Kandinsky« erscheint im November 1913.

Franz Marc ließ sich sehr wohl vom flächenhaft-abstrakten
Malstil Delaunays und von der dynamischen Bildsprache der Futuristen anregen, wie das in dem Gemälde »Im Regen« (1912) zur
Ansicht gelangt. Hinter dem streifigen, das Bild fast zerschnei-
denden Regenfall sind Pflanze, Mensch und Tier in das Wesen
des Regens eingetaucht. Auf diese Weise gelingt es Marc, die
Sehnsucht nach dem unteilbaren Sein, der harmonischen Einheit von Mensch, Tier und Kosmos auszudrücken. Dennoch bie-
tet das Bild im Sinne des Futurismus eher eine physische Realität und trifft weniger eine metaphysische Aussage. Die Gemälde
»Drei Pferde«, »Tiger« und »Reh im Klostergarten«, alle aus dem
Jahr 1912, lassen wiederum den Einfluss Delaunays spüren.
Durch die Auflösung des Bildmotivs in kristalline Formen, die
mosaikartig angeordnet sind, und die Verwendung leuchtender
Farben erreicht Franz Marc eine Mystifikation der Wirklichkeit.

Eine ganze Reihe von Bildern aus den Jahren 1912 und 1913
lässt erkennen, wie sehr Marc zwischen verschiedenen Gestal-
tungsmöglichkeiten pendelte. Das war keine Frage der Maltechnik, sondern das Ergebnis einer inneren Spannung: Wie
weit musste er gehen, um an sein Ziel zu gelangen, die unver-
fälschte »Wesensform« zu finden? Er arbeitete auch an einem
Text über die abstrakte Kunst, der die Grundthese hatte, die
Kunst sei metaphysisch. In den Werken Marcs aus dem genannten Zeitraum ist eine klare Tendenz zur Abstraktion
sichtbar, wobei er zu einer völligen Auflösung des Gegenständlichen erst Ende 1913 vordringt, und war mit dem Bild »Kämpfende Formen« (1914) als einem Höhepunkt seiner Bildsprache
(s. S. 123f.). Insgesamt aber waren in den Jahren vor dem Krieg
die Tiergestalten sein absolut bevorzugtes Sujet.

Im Regen. – Öl auf Leinwand, 81 x 105,5 cm, 1912. Städtische Galerie im Lenbachhaus, München.

Tierarten

Obwohl Franz Marc kein Tiermaler war, der gefällige na-naturalistische Darstellungen ablieferte, malte und zeich-nete er entschieden mehr Tiere als Menschen, weil ihm das Tier als das reinere der beiden Wesen erschien, das allerdings auch seine gefühlswidrigen und hässlichen Seiten hatte, wie er sich später eingestehen musste. Die-se Erkenntnis führte schließlich zu schematischeren und abstrakteren Darstellungen.

Die Vielzahl der Tierarten wirkt einfach erstaunlich: Affen, Bergziegen, Bison, Eichhörnchen, Elefant, Esel, Füchse, Gazellen, Geier, Hunde, Katzen, Kühe, Löwen, Panther, Rehe, Schafe, Schweine, Steinbock, Stier, Tiger, Vögel, Wiesel, Wildschweine, Wölfe – und immer wieder Pferde und sogar Fabeltiere.

Drei bunte Kühe. – Öl auf Leinwand, 62 x 87,5 cm, 1912. Städtische Galerie im Lenbachhaus, München.

DIE EXZENTRISCHE DICHTERIN

Auch zu Weihnachten und Silvester 1912 war ein Berlin-Besuch bei Marias Eltern angesagt. Doch diesmal wurden dabei keine Maler-Kontakte anvisiert; vielmehr hegten Franz und Maria die Absicht, die expressionistische Dichterin Else Lasker-Schüler kennenzulernen. Sie und Herwarth Walden hatten sich am 1. November 1912 scheiden lassen (s. S. 105) – bei ihr war es die zweite Scheidung –, hatten allerdings schon länger getrennt gelebt. Die Dichterin scheint ob ihrer dunklen, unruhigen Augen, ihrer schwarzen Haare, ihrer auffälligen Kleider und ihres übertriebenen Zierrats auf ihre Umgebung exaltiert gewirkt zu haben, was ihr aber wohl ganz angenehm gewesen ist.

Sie war als Lyrikerin und Prosaistin keine unbekannte mehr und dennoch gezwungen, aufgrund fehlender Mittel sehr bescheiden zu leben. Franz und Maria konnten ein Lied davon singen, was existenzielle Sorgen bedeuteten, auch wenn Franz inzwischen mehr Anerkennung zuteilwurde. Beide haben sich offenbar auf Anhieb mit Else Lasker-Schüler verstanden. Ihr wurde finanziell vielfach von Freunden geholfen, allen voran von dem gefürchteten Kulturkritiker und Satiriker Karl Kraus (1874–1936). Lasker-Schülers Gedichte wurden im »Sturm« und in anderen Zeitschriften gedruckt.

Marc konnte aus Berlin noch vor Weihnachten, nämlich am 23. Dezember, an Kandinsky in Murnau Erfreuliches vermelden: *Wir erleben hier viel, auch Erlebnisse, die uns glücklich machen. Wir haben hier einen prachtvollen Menschen gefunden: Else Lasker-Schüler, sie wird wahrscheinlich für ein paar Wochen im Januar nach Sindelsdorf kommen, worauf wir uns riesig freuen.*

Im Januar 1913 hatte Franz Marc seine vierte Einzelausstellung, und zwar erneut bei Heinrich Thannhauser in München. Sie wird danach auch in weiteren Städten zu sehen sein. Deshalb kehrten Maria und er bereits Anfang Januar nach München zurück; und die Lasker-Schüler hatte sich ihnen sogleich angeschlossen. Sie sollte ihrer angegriffenen Nerven wegen ein wenig Landluft schnuppern, die Stille genießen sowie dem Paar Münter und Kandinsky vorgestellt werden. Das war gut gemeint, blieb aber bei Else Lasker-Schüler erfolglos: Landluft und Stille verfingen bei ihr nicht, denn sie vermisste schnell die Hektik der Großstadt. Maria und Franz mussten sie in einer Münchener Pension unterbringen. Der damalige Verleger Lasker-Schülers, Heinrich F. S. Bachmair (1889–1960), war zu jener Zeit in München ansässig.

Es war schwierig mit ihr, weil sie sehr auf sich bezogen lebte und für das Wohlwollen, das man ihr entgegenbrachte, nicht offen genug war. Zu allem Überfluss legte sich Else Lasker-Schüler während eines gemeinschaftlichen Ausstellungsbesuchs bei Thannhauser gleichsam aus dem Nichts heraus mit Gabriele Münter an und beleidigte sie massiv. Maria Marc kam gar nicht mehr dazu, schlichtend einzugreifen.

Franz Marc gefiel es, dass sich die Dichterin und er, der Maler, über viele Monate hin gegenseitig, und beinahe kongenial, bemalte Postkarten zuschickten. Über den Verbleib von Marcs großartigem Ölgemälde »Der Turm der blauen Pferde« aus dem Jahr 1913, auf dem in ansteigender Weise vier Pferdekörper hintereinander gruppiert waren, ist seit 1945 nichts mehr bekannt.

Auf einer der Postkarten (einem Neujahrsgruß) an Else Lasker-Schüler ist jedoch ein Entwurf erhalten geblieben.

Zudem wollte die Dichterin aus nachvollziehbaren Gründen Kapital aus dem freundschaftlichen Kontakt mit Franz Marc, dem »Blauen Reiter«, schlagen und erfand zum größten Teil einen brieflichen Austausch, den sie Zeitschriften anbot. Der Autor und Literaturkritiker Franz Pfemfert (1879–1954), der u. a. mit Herwarth Walden bekannt war, gab seit 1911 eine linksgerichtete unabhängige Zeitschrift für »Politik, Literatur und Kunst« mit dem Namen »Aktion« heraus. Dort wurde der weitgehend fiktive Briefwechsel veröffentlicht. Diese mit Franz Marc nicht abgesprochene Aktion der Dichterin dürfte ihm weniger gefallen haben. Trotzdem verkehrten sie auch im echten Leben weiterhin brieflich miteinander.

BESUCHE, NEUE BILDER UND EIN ANGEBOT

Als die Marcs ob der Ausstellung bei Thannhauser schon nach München abgereist waren, fanden sich Mitte Januar 1313 Robert Delaunay und Guillaume Apollinaire (s. S. 94f.) bei Herwarth Walden in Berlin ein, der in seiner »Sturm«-Galerie Bilder Delaunays zeigte. Apollinaire hielt dort einen Vortrag unter dem Titel »La peinture moderne« (»Die moderne Malerei«). Ihre Rückfahrt nach Paris unterbrachen die beiden Franzosen am 21. Januar, um in Bonn bei August Macke vorbeizuschauen. Elisabeth Macke beschrieb die Gäste in ihren Memoiren. Der temperamentvolle Guillaume Apollinaire sprach gut Deutsch, weil er 1901/02 für ein Jahr als Hauslehrer im Rheinland gelebt hatte. *Delaunay [...] war sehr still, nachdenklich und fast etwas scheu, vielleicht nur deshalb, weil er kein Wort Deutsch verstand. Wir mussten deswegen mit ihm französisch sprechen.*

Von Maria erfuhr Elisabeth etwa einen Tag später, dass sie, Maria, außerhalb der Malerei etwas für sich tun wolle. Klavierstunden für Fortgeschrittene bei der Pianistin Lily Klee (s. S. 106) sollten es sein. *Wenn ich jeden Monat einmal bei Frau Klee musiziere, hoffe ich doch zu lernen. Ich will dann auch in München Turnstunden [...] nehmen; der Franz macht mich noch schwach mit seinem ewigen Gemäkel wegen meiner Dickheit.* In ihren Bildern beschäftigte sie sich nun mit floralen Motiven und mehrfach mit der Darstellung von Kindern. Eine ihrer ausgereiftesten Arbeiten ist das Gemälde »Birken am Wehr«. Schon etwas früher war das sehr gute »Stillleben mit blauer Tasse und roter Schale« entstanden.

Am Ende des Monats März folgen Maria und Franz einer dringlichen Einladung der Eltern in die zu jener Zeit noch habsburgische Stadt Meran. Der Vater, Philipp Franck, litt unter einer Herzmuskelschwäche und hatte dort ein Sanatorium aufgesucht. Seine Erkrankung wird sich jedoch im Laufe des Jahres verschlimmern. Abgesehen von den Sorgen um die Eltern, nutzten Maria und Franz die Woche in Südtirol, um Wanderungen in die Umgebung der Stadt zu unternehmen. Franz füllte sein Skizzenbuch mit Zeichnungen altehrwürdiger Bau- und Kunstwerke oder mit Landschaftseindrücken, woraus dann zu Hause in Sindelsdorf Bilder wie das »Bison im Winter«, die »Weltenkuh«, »Das lange gelbe Pferd«, »Tirol« und »Das arme Land Tirol« entstehen. Einige der Bilder werden im Juli 1913 von dem Niederländer Willem Beffie gekauft (s. S. 96).

»Das arme Land Tirol« (1913)

Schwarz-, Grün- und Purpurtöne beherrschen das Gemälde. Im Vordergrund stehen zwei schwarze Pferde, die wohl die kraftlosesten sind, die Marc je gemalt hat. Hinter ihnen erhebt sich neben einem Friedhof mit schwarzen Kreuzen ein mäßig einladender Häuserblock. Nach Marcs eigener Vorstellung vermittelt Purpur den Eindruck von »unerträglicher Trauer« und erfordert ein »versöhnendes Gelb«, das sich in diesem Bild jedoch nur schwach in Gestalt eines Dreiecks durchzusetzen vermag. Dennoch deutet es eine versteckte Hoffnung an. Der Adler, der in der oberen rechten Bildecke seine Flügel auf einem entlaubten Baum ausbreitet, wurde als Symbol apokalyptischer Aasfresser gedeutet. Doch die Tatsache, dass sich über ihm ein Regenbogen spannt, macht ihn wohl eher zum Symbol der Auferstehung und des der Apokalypse folgenden geistigen Triumphs.

Das arme Land. – Öl auf Leinwand, 131,5 x 200 cm, 1913. Solomon R. Guggenheim Museum, New York.

Unerwartet erhielt Franz Marc von Professor Adolf Hölzel (1853–1934) das Angebot, nach Stuttgart zu kommen, um an der bereits 1761 eingerichteten Königlichen Akademie der bildenden Künste (heute: Staatliche Akademie der Bildenden Künste Stuttgart) eine Dozentur zu übernehmen. Hölzel war zugleich ein früher abstrakter Maler, der sich mit der Farbenlehre befasst hatte und sowohl bei der Gründung der »Münchener Secession« (1892) wie auch der »Wiener Secession« (1897) dabei war (s. S. 26 und 29). Franz Marc lehnte das Angebot trotz des in Aussicht gestellten jährlichen Gehalts von 4000 Mark ab, weil er einen solchen Unterricht künstlerisch für *völlig unzweckmäßig* hielt und sich in seiner Arbeit nicht einschränken lassen wollte.

PRIVATES UND EIN HERBSTSALON

Lieber begab man sich, um die eine oder andere Anregung für die Malarbeiten zu gewinnen, von Sindelsdorf aus auf kleine Fußwanderungen, obwohl man erneut knapp bei Kasse war, wie die Mackes im Mai brieflich von Franz erfuhren. *Ich werde*

[...] *damit meine bevorstehende Heuschnupfenzeit ausfüllen. Ich weiß nicht, wie es bei Euch mit der Gräserblüte steht, bei uns kommt die Zeit ca. 5./10. Juni bis Mitte Juli. Mir ist schon ein bissel Angst vor dem scheußlichen Asthma. Eigentlich wollten wir die Zeit weg; eine Fußtour über das Stilfserjoch, Brescia, Bergamo, – aber nun fehlt das Geld; ich hoffte auf Verkäufe, – kein Mensch denkt an solche. Es ist schon gemein. Je weniger gekauft wird, desto mehr male ich.*

Und dann geschah das Unglaubliche: Ein Anwalt konnte nun endlich die Dispens erwirken, und am 3. Juni 1913 wurden die Marcs auch gesetzlich ein Ehepaar. Ja, sie waren nicht allein, wie Maria am 12. Mai

Maria und Franz Marc in ländlicher Tracht. – Fotopostkarte, um 1910/13.

Elisabeth Macke hatte verkünden dürfen: *Sindelsdorf steht jetzt unter besonderem Zeichen. Wir drei Freundespaare hängen gleichzeitig im Kasten – zum Aufgebot. Campendonk, Adda Deichmann, Niestlé, Legros in Sindelsdorf, Franz und ich in München. Wir haben jetzt Dispens bekommen und legitimieren unsere Ehe noch deutsch. Das soll nun natürlich möglichst keiner merken und wissen.* Das war freilich nicht nur eine »moralische« Erwägung, etwa gegenüber Marias Eltern in Berlin, sondern vielmehr auch eine rechtliche, da man getrennte Wohnsitze angegeben hatte, die erfunden waren. So wurde die Trauung zur Posse. Kandinsky war allerdings eingeweiht, weshalb ihm Marc davon berichten konnte. *Ich bedaure, dass ich Ihnen und Klee nicht den*

Spaß gemacht habe, gestern unsere Trauzeugen zu machen, – die spielen auf dem Münchner Standesamt eine Komödie, die schon die Grenzen des Erlaubten und Vorstellbaren überschreitet. Wie weit Sophie Marc (»Maman«) über die Hintergründe informiert war, lässt sich nicht sagen. Das uneheliche Verhältnis hatte sie jedenfalls nicht mit Wohlwollen betrachtet. Wahrscheinlich war sie wie Marias Eltern nach dem unglücklichen London-Aufenthalt 1911 (s. S. 83f.) von der Annahme ausgegangen, dass dort eine gültige Ehe geschlossen worden war.

Vielleicht war die Heirat der Anlass, vielleicht auch nur der Geldmangel, dass Franz und Maria Marc im Juni 1913 die Staffelalm bei Kochel am See aufsuchten. War es nicht der Ort, an dem sie so viel auf dem »Thränenhügel« gelitten und er sich im Grunde für sie entschieden hatte? So manche Erinnerungen werden aufgekommen sein, die bei Franz bis in die Kindheit zurückreichten. Im August und September sind die Marcs und die Eltern Marias für mehrere Wochen zu Gast auf dem Gutshof von Wilhelm Franck – Marias jüngerem Bruder – in dem ostpreußischen Ort und Gutsbezirk Gendrinn. Durch Willem Beffie, der Marc im Juli Bilder abgekauft hatte, war mittlerweile Geld hereingekommen. Erneut schreibt Maria einen »Klatschbrief« an ihre Lisbeth in Bonn und erzählt, dass ihr Franz gar nicht an die Kunst denke, sondern zur Jagd gehe, reite und Billard spiele. Das Reiten hatte er ja im Jahr 1900 während seiner Militärzeit als »Einjährig-Freiwilliger« erlernt (s. S. 20). *Von Sindelsdorf haben wir gute Nachrichten; das Ehepaar Campendonk ist mächtig verliebt – die beiden gehen nur eng umschlungen durch das Dorf und auf der Landstraße. [...] Mit Niestlés stehen wir jetzt sehr freundschaftlich; Legros ist ganz verändert – lustig, frisch und sehr glücklich.*

Am 9. September eilen die Marcs allerdings nach Berlin, denn dort wird Herwarth Walden am 20. September 1913 mit seinem »Ersten Deutschen Herbstsalon« eine riesige Schau der modernen internationalen Kunst eröffnen, mit – so die Historikerin Katja Förster – 366 Exponaten von 90 Künstlern aus 13 Ländern. Schon seit April waren Walden, Marc und August Macke mit der Organisation der Ausstellung befasst gewesen. Marc und Macke hatten einen großen Einfluss darauf, welche der vielen angebotenen Werke gezeigt wurden. Diesmal bildeten sie die Jury. Als Finanzier stand wiederum der generöse Bernhard Koehler senior hilfreich zur Verfügung, der am Ende statt der geplanten 4000 Mark 20 000 Mark beisteuern musste. Bereits in einem Brief vom 23. Dezember 1912 hatte Franz Marc seinen Mäzen Koehler gegenüber Wassily Kandinsky gelobt: *Ich kann meine Freude nicht verbergen, dass wenigstens dieser eine Mensch sich in ganz seltener Weise von allen anderen unterscheidet, mit denen ich im Leben finanziell und mehr oder minder geschäftlich zu tun hatte.*

Natürlich schilderte Marc dem abwesenden und die Veranstaltung kritisierenden Kandinsky auch seine Ansichten über den »Herbstsalon« Waldens (30.9.1913). *Meine leitende Idee beim Hängen und Wählen der Bilder war jedenfalls die: die ungeheure geistige Vertiefung und künstlerische Regsamkeit zu zeigen, – und dieser Eindruck ist sehr wohl für die* Seele *bestimmt; ich glaube, ein Mensch, der seine Zeit liebt und in ihr nach Geistigkeit sucht, wird nur klopfenden Herzens und voll guter Überraschungen durch diese Ausstellung gehen. Ich war jedenfalls beschämt vor allen diesen Bildern, da ich mir gestehen musste, dass ich in meinem Sindelsdorf mir vorher nicht vorgestellt hatte, dass so viel Geist am Werke ist.*

Danach bestimmte die Bangnis um Marias Vater den Ablauf in Sindelsdorf, zumal auch eine zweite Kur in Meran seinen Zustand nicht verbessert hatte. Am 2. Dezember schreibt Maria noch an Lisbeth: *Ich bin sehr niedergeschlagen im Grunde und habe zu nichts die richtige Freude. Mein Vater ist sehr schwer krank; wir glauben kaum, dass er Weihnachten noch erlebt.* Am 9. Dezember fahren Maria und Franz eiligst nach Berlin, wo Philipp Franck verstirbt und am 13. Dezember beigesetzt wird. Erneut sind sie über die Weihnachtstage in Berlin, dieses Mal um die Mutter, Helene Franck, nicht alleinzulassen. Sie verbringt anschließend ein paar Wochen in Sindelsdorf. Im Januar 1914 erhält Maria 10 000 Mark aus einer vom treu sorgenden Vater abgeschlossenen Lebensversicherung.

9 Die Vorkriegszeit

ABSTRAKTIONEN

Noch im Jahr 1913, aber vor allem im ersten Halbjahr 1914 geht Franz Marc zu einer gänzlich abstrakten Bildgestaltung über und erreicht mit dem Einklang von Form und Farbe sein Ziel einer klaren und reinen Bildaussage. In dem geradezu dramatischen Gemälde »Tierschicksale« (1913) – ein von Paul Klee vorgeschlagener Titel –, in welchem Tiere und Pflanzen in scharfen Linien unterzugehen drohen, scheint sich etwas Zerstörerisches Bahn zu brechen, wie es Marc selber aus der Rückschau, nämlich in seinem Feldpostbrief vom 17. März 1915 an seine Frau Maria, interpretiert: *Koehler schrieb mir heute auf einer Sturm-Postkarte meiner ›Tierschicksale‹. Bei ihrem Anblick war ich ganz betroffen und erregt. Es ist wie eine Vorahnung dieses Krieges, schauerlich und ergreifend; ich kann mir kaum vorstellen, dass ich das gemalt habe! In der verschwommenen Photographie wirkt es jedenfalls unfassbar wahr, dass mir ganz unheimlich wurde. Es ist von einer künstlerischen Logik,*

Tierschicksale. – Öl auf Leinwand, 109 x 266 cm, 1913. Kunstmuseum Kassel.

solche Bilder vor dem Kriege zu malen, nicht als dumme Reminis-cenz [!] nach dem Kriege.

Vollkommen aufs Gegenständliche verzichtet Marc in den »Kleinen Kompositionen I–IV« sowie in den Gemälden »Zer-brochene Formen«, »Spielende Formen« und »Kämpfende Formen«. Auf seinem letzten vor Kriegsbeginn entstandenen Bild »Rehe im Walde II« greift er wie in einer Rückschau auf ruhende Tiere zurück, die innerhalb geometrischer Formen so etwas wie ein weiblich-mütterliches Idyll widerspiegeln. Mit älteren und neuesten Bildern ist der Maler in der Dresde-ner Galerie Ernst Arnold vertreten, die im Januar 1914 eine Expressionisten-Ausstellung zeigt. Das im Krieg mitgeführte Skizzenbuch beinhaltet 36 Bleistiftzeichnungen, in denen Franz Marc im Frühjahr 1915 nochmals seine künstlerischen Lebensthemen und wohl auch einige Kriegseindrücke festhält (vollständig veröffentlicht in: Franz Marc, Briefe aus dem Feld 1914–1916; s. S. 155).

»Kämpfende Formen«

Auf diesem Ölbild, das ungemein dynamisch und in-nerlich bewegend zugleich ist, prallen die kontrastie-renden Farben in einer chaotisch explosiven Atmo-sphäre aufeinander. Trotzdem erzeugt das Gemälde keine apokalyptische Stimmung. Der Kampf wirkt viel-mehr naturgegeben, wie das Resultat einer die Schöp-fung durchwaltenden Energie. Lässt man nämlich das Bild länger auf sich wirken, erweist sich das Chaos nur scheinbar als solches; der Blick kommt im Gleichge-wicht des impulsiven Rots und des geistigen Blaus zur Ruhe. Das Ineinander der einzelnen Bewegungen ge-winnt an Stabilität. Alles ist eins, und in dieser Einheit liegt ein Sinn. Der Kosmos befindet sich in steter Wandlung, ohne dass er dabei etwas verliert.

In diesem Zusammenhang sieht Franz Marc wohl auch den Tod. In einem seiner letzten Briefe (17.2.1916) aus dem Krieg schreibt er an seine Mutter, dass der Tod nichts Schreckhaftes an sich, ja, die Aussicht auf die

Kämpfende Formen. – Öl auf Leinwand, 91 x 131 cm, 1914. Pinakothek der Moderne, München.

Todesruhe etwas beruhigendes habe. *Er ist doch das* allen *Gemeinsame und führt uns zurück in das normale ›Sein‹. Die Strecke zwischen Geburt und Tod ist der Ausnahmezustand, in dem es viel zu fürchten und zu leiden gibt, – der einzige wirkliche, konstante, philosophische Trost ist das Bewusstsein, dass dieser Ausnahmezustand vorübergeht und dass das immer unruhige, immer pikierte, im Ernste ganz unzulängliche ›Ich-Bewusstsein‹ wieder in seine wundervolle Ruhe vor der Geburt zurücksinkt.* Und zum Ende des Briefes heißt es: *Wer aber nach Reinheit und Erkenntnis strebt, dem kommt der Tod immer als Erlöser.*

IDYLLISCHER AUFBRUCH VOR DEM KRIEG

Geld beflügelt, genauer: über Geld zu verfügen. Die unverhoffte Auszahlung durch die Lebensversicherung ließ für Maria die Erfüllung eines lang gehegten Wunschtraumes in greifbare Nähe rücken. Ihr schwebte für sich und Franz ein eigenes Bauernhaus vor, das man ausbauen konnte, um etwa ein Atelier einzurichten. Das Ehepaar Marc begab sich unverzüglich auf die Suche, und zwar bei Ausflügen mit der Bahn; so im Umfeld des Klosterdorfs Benediktbeuern (östl. von Sindelsdorf) und in der Umgebung von Kochel am See (südl. von Benediktbeuern). Ein autobiografischer Text Marias (»Aus meinem Leben mit Franz Marc«) gibt darüber Auskunft. *Franz bekam Lust 2 Haltestellen vor Kochel auszusteigen – in Ried – um erstmal zu schauen. Wir sahen dort am Walde eine stattliche Villa u. schielten hinüber – fragend, wem sie wohl gehören möge?*

Nun, sie hatten Glück, denn der Wirt des Ortes wusste, dass die Frau Major Rust die Villa verkaufen wolle, da sie für sich und ihren kranken Sohn zu groß geworden und zu einsam sei. Doch sie hatten Pech, weil der Kaufpreis ihre Mittel bei Weitem überstieg. Glücklicherweise hielt die Frau Major Ausschau nach einem ruhigen Wohnsitz in oder direkt bei München, und das Marc-Haus in Pasing (s. S. 15f.), das Franz und sein Bruder Paul geerbt hatten, stand zum Verkauf, da ihre Mutter Sophie ihren Lebensabend mittlerweile in einer Pension für ältere Herrschaften verbrachte. Franz und Maria hatten erneut Glück, dass sich Frau Rust auf einen Tauschhandel einließ: ihre Villa gegen das Anwesen in Pasing, allerdings immer noch verbunden mit einem satten Kaufpreis für die Villa in Ried, da sie mehr wert war als das angebotene Haus der Brüder Marc. Vom Erlös des Pasing-Anwesens, dessen Verkauf über 20 000 Mark einbrachte, musste Franz die Hälfte an seinen Bruder sowie einen Anteil an seine Mutter abtreten, wie auch immer die Auszahlung bewerkstelligt wurde. Marias 10 000 und der Anteil von Franz reichten also unglücklicherweise wieder nicht aus. Zu ihrer großen Freude jedoch kam Marias Mutter Helene zu Hilfe und steuerte 5000 Mark aus ihrer Altersversorgung bei. Der Handel war perfekt.

Der Geldsegen ermöglichte Maria sogar noch den Kauf eines Flügels aus zweiter Hand und beiden den Erwerb eines Wiesengrundstücks an der Villa. Die Marcs hielten sich nämlich seit Oktober 1913 – gewiss auch ein wenig, um den unerfüllten Kinderwunsch zu kompensieren – zwei zahme Rehe, ein weibliches und ein männliches Tier, »Hanni« und »Schlick« genannt. Die beiden Tiere waren mit ein Grund gewesen, dass sich ihre »Hausleute« in Sindelsdorf, die Familie Niggl, über das seltsame Künstlerpaar zunehmend und eher in böswilliger Art lustig gemacht hatten. Allein schon deshalb war der Auszug unvermeidlich geworden. Außerdem hatte es im Niggl-Haus mit der Unterbringung der Gäste, die immer gerne von Franz und Maria eingeladen wurden, nicht zum Besten gestanden. Und schließlich zählte man unterdessen doch zu den etablierten Künstlern.

Am 27. April 1914 trafen Maria und Franz mit zwei Fuhrwerken voller Möbel, Hausrat und Malutensilien, den sicher verpackten Katzen und Rehen sowie mit »Russi« im Schlepptau glücklich und zufrieden in der frisch renovierten Rieder Villa ein. »Welp«, ein neuer Hund, wird bald hinzukommen. Jean-Bloé Niestlé hatte am Morgen mitgeholfen, die Rehe einzufangen und zu verstauen. Maria Marc erzählt in ihren Erinnerungen ausführlich vom Umzug, von der Ankunft und der für die beiden Rehe bestimmten Wiese: *Es waren Tännchen und Kiefernbäumchen gepflanzt und ein sehr netter kl. Stall gebaut* [worden], *den Franz mit ein paar primitiven farbigen Ornamenten bemalte. Es war so schön, wie sie aus der Kiste heraussprangen u. auf der grossen* [!] *Wiese herumliefen.*

Und Besuch ließ nicht lange auf sich warten, denn man hatte nicht ohne Stolz für das neue Haus geworben. Sophie, Paul und Helene Marc kamen als Erste zur Villen-Besichtigung, und zwar schon am darauffolgenden Sonntag. Helene Franck reiste aus Berlin an. Bald tauchten auch Lily und Paul Klee mit ihrem Sohn Felix auf. Alexej Jawlensky schaute mit seinem Sohn André (s. S. 72f.) vorbei. Und der Komponist Arnold Schönberg (s. S. 78) fand sich gleichermaßen ein.

Die Familie Niestlé verließ 1914 Sindelsdorf ebenfalls, weil ihr Bernhard Koehler sein Haus im unweit gelegenen Seeshaupt am Starnberger See zur Verfügung stellte. Im selben Jahr wurden ihre Zwillingstöchter Colette und Margrit geboren. Jean-Bloé plagte eine künstlerische Krise, und er litt mehr und mehr unter der Abwesenheit seiner Freunde Macke und Marc. Im Jahr 1938 sollte die Familie von Seeshaupt nach Paris

Geburt der Pferde. – Farbholzschnitt, 21,5 x 14,5 cm, 1913. Los Angeles County Museum of Art / The Robert Gore Rifkind Center for German Expressionist Studies.

ziehen. August Macke hatte Mitte April von seinem schweizerischen Domizil Hilterfingen aus zusammen mit seinen Malerfreunden Paul Klee und Louis René Moilliet (1880–1962) eine zweiwöchige Künstlerreise in Tunesien unternommen.

Franz fing gleich an zu arbeiten – er hatte sich oben im Haus ein kleines Zimmer, von dem aus er die Rehe und den Wald sah, eingerichtet. Er hatte schließlich viel vor, und nicht bloß als Maler. Die Arbeit am zweiten Band des Almanachs sollte vorangetrieben werden; der Autor Hugo Ball (1886–1927), der 1912 als Dramaturg an die Münchner Kammerspiele geholt worden war, hatte die Idee, Marc, eventuell mit Schönberg zusammen, eine Shakespeare-Inszenierung anzutragen, was aber rasch verworfen werden musste, weil Franz Marc die öffentliche Meinung und die Auseinandersetzung mit den Schauspielern scheute. Immerhin schrieb er einen Aufsatz über »Das abstrakte Theater«; und eine groß angelegte Bibelillustration war von ihm und anderen Künstlern angegangen worden.

Bibelillustrationen

Seit dem Frühjahr 1913 verfolgten Marc und Kandinsky den Plan, die Bibel zu illustrieren, und hatten dafür ihre Künstlerkollegen Klee, Kubin, Heckel und Kokoschka gewonnen. Jeder der Maler konnte sich nach eigenem Gutdünken eines der biblischen Bücher aussuchen. So wollte sich Marc mit der »Genesis« befassen, Kandinsky mit der »Apokalypse«, Klee mit den »Psalmen«, Kubin mit dem Buch »Daniel«, und Heckel wollte sich gemeinsam mit Oskar Kokoschka (1886–1980) an den »Hiob« heranwagen. Es ist zu vermuten, dass die umfangreiche Arbeit noch auf die Schultern weiterer Künstler hätte verteilt werden müssen, aber es mangelte anscheinend am nötigen Elan für das beachtliche Projekt, denn Franz Marc fühlte erstmals im Juni 1914 bei Reinhard Piper vor, ob und wie eine mögliche Buchausgabe zu verwirklichen sei, wobei der »Blaue Reiter« als Herausgeber fungieren sollte. Lediglich Kubin hatte seine Arbeiten am Buch »Daniel« fertigstellen können. Kokoschka brachte es auf ein halbes Dutzend Lithografien, Franz Marc auf vier Holzschnitte: »Schöpfungsgeschichte I«, »Schöpfungsgeschichte II«, »Geburt der Pferde« sowie »Geburt der Wölfe«. Alfred Kubins Illustrationen konnten 1918 als Einzelausgabe veröffentlicht werden.

Der Farbholzschnitt »Geburt der Pferde« (1913) – als Beispiel für die geplante Bibelillustration – zeigt in einer komplizierten Linienführung, wie sich zwei Pferdekörper aus dem Urchaos lösen. Die Tiere dienen hier freilich nicht mehr als heroisch reine Wesen, die all das beinhalten, was dem Menschen fehlt, sondern symbolisieren als ein Teil des Schöpfungsganzen einen hoffnungsvollen Beginn. Am rechten Rand deutet ein nur zur Hälfte sichtbarer roter Kreis die unversiegbare Schöpfungskraft an. Das Bild ist in erdhaften Rot- und Brauntönen gehalten, die durch Grüntöne ein wenig gemildert werden. Die verschlungenen Linien finden sich zu einem Dreieck zusammen, das von den Pferden verkörpert wird. Dieses Dreieck weist mit seiner Spitze nach oben, wodurch der rettende Aufstieg aus dem Chaos zum Ausdruck kommt.

DER BLICK IN DEN UNTERGANG

Wie im Jahr davor wurde auch diesmal die Staffelalm als Erholungsort gewählt. Ende Juni 1914 verbrachten Maria und Franz dort ein unbeschwertes Wochenende, das, was sie erreicht hatten, im Stillen genießend. Beider Freundin Annette von Eckardt (s. S. 31), die seit Anfang 1913 geschieden war, traf das Künstlerpaar deshalb in Ried nicht an und konnte nur eine Nachricht hinterlassen, die Unheil verkündender kaum hätte sein können. *Sie sprach darin von grösster* [!] *Besorgnis vor d. Folgen des Mordes in Sarajewo, der geschehen war, von dem wir oben in den stillen abgeschiedenen Bergen nicht gleich gehört hatten. Es wurde auch uns trübe u. bang zumute – Franz übersah die heikle politische Situation – u. unsere glückliche Stimmung war von da an getrübt.*

Am 28. Juni 1914 waren der österreichisch-ungarische Thronfolger Erzherzog Franz Ferdinand (geb. 1863) und seine Gemahlin Sophie Josephine Albina (geb. 1868) von einem serbischen Anarchisten im bosnischen Sarajewo erschossen worden, was genau einen Monat später die Kriegserklärung Österreich-Ungarns gegenüber Serbien nach sich zog. Aufgrund der bestehenden politischen Bündnisse unter den beteiligten Staaten standen sich Anfang August 1914 Österreich-

Ungarn und Deutschland auf der einen Seite sowie Russland, Frankreich und Großbritannien auf der anderen Seite als Kriegsparteien gegenüber. Der einen wie der anderen Seite schlossen sich im Verlauf des Krieges, der auch außerhalb Europas wütete, weitere Staaten an. Der Kampf um die Seemacht, Kolonien und Rohstoffe war von entscheidender Bedeutung. Die gigantische Waffenentwicklung und Hochrüstung in den Industriestaaten führte zu ungeheuren Vernichtungsschlachten. 10 Millionen Soldaten werden am Kriegsende im November 1918 getötet worden sein, annähernd 20 Millionen verwundet; 7 Millionen Menschen werden etwa Seuchen und dem Hunger zum Opfer gefallen sein. Weltweit werden in diesem Krieg 70 Millionen Soldaten ins Feld geschickt.

Bei Maria Marc ist zu lesen: *In jenen letzten Tagen vor dem Kriege besuchte uns Kandinsky noch in Ried – in schwerer bedrückter Stimmung – als ob er ahnte, was kommen würde. Sie haben wohl Beide vorausgesehen – Kand. – Franz – dass sie sich nie mehr wiedersehen würden. Wir begleiteten ihn nach Kochel – der Abschied war schwer u. düster.* Das Ende des »Blauen Reiters« war damit besiegelt. Als russische Staatsbürger mussten Kandinsky, Jawlensky und Werefkin mit der Kriegserklärung des Deutschen Reichs an Russland (1. August 1914) das Reichsgebiet binnen 48 Stunden verlassen. Sie flohen zusammen mit Gabriele Münter in die Schweiz.

Der Autor und Dramaturg Hugo Ball (s. S. 128) emigrierte im Mai 1915 zusammen mit seiner späteren Ehefrau, der Kabarettistin Emmy Hennings (1885–1948), ebenfalls in die Schweiz. Franz Pfemfert nahm mit seiner Zeitschrift »Aktion« (s. S. 116) trotz der Zensur in der gesamten Kriegszeit eine strikte Antikriegshaltung ein, während Herwarth Waldens »Sturm«-Zeitschrift (s. S. 105) von politischer Neutralität geprägt war. Der Schriftsteller und Pazifist René Schickele (1883–1940) ging mit seiner expressionistischen Zeitschrift »Die Weißen Blätter« 1916 nach Zürich ins Exil.

10 Die Kriegsjahre

VERHÄNGNISVOLL

Die Politiker und politischen Publizisten in Europa warnten bis 1914 mehrheitlich vor den unabsehbaren Folgen eines großen Krieges und strebten eine »Entspannungspolitik« an. So beschworen die Pazifisten unter den deutschen und französischen Sozialdemokraten bei der gegen die »Eroberungspolitik« und die »Rüstungstreibereien« gerichteten »Verständigungskonferenz« vom Mai 1913 in Bern ihre Länder, den Frieden unbedingt zu erhalten, um »fürchterliche Greuel« und »unsägliche Verwüstungen« zu verhindern. Noch im Juli 1914 bemühte sich der deutsche Sozialdemokrat Hugo Haase (1863–1919) verzweifelt um eine Deeskalation. Da sich aber die Staaten resp. die Staatsführungen auch innerhalb der Bündnisse misstrauten, ließ man den Geschehnissen ihren Lauf, weil man eine Konfrontation bei der Durchsetzung eigener Ziele für unvermeidlich hielt.

Die Militärkasten sahen keinen Grund zur Beunruhigung, denn man ging allenthalben von einem raschen Sieg aus. Zudem wollte man verhindern, dass die Verflechtungen der Weltwirtschaft Schaden erleiden. Man sprach im Deutschen Reich gerne von einem aufgezwungenen »Verteidigungskrieg« oder einem Krieg, der den Frieden wiederherstellen sollte. *Mitten im Frieden überfällt uns der Feind*, verkündete Kaiser Wilhelm II. (reg. 1888–1918) am 6. August 1914 in chauvinistischer Manier, wohlwissend, dass auch seine Generäle Offensivpläne vorbereitet hatten.

Wer nicht begeistert mittat, beging Verrat an deutscher Macht und deutschem Wesen und insgesamt am Vaterland, und so reichten sich sogar der Kaiser – *ich kenne keine Parteien mehr* – und die ihm verhassten Sozialdemokraten die Hand. Von allen Reichstagsabgeordneten werden zwei im Weltkrieg fallen.

Kriegsbegeisterung

In der Bevölkerung brach mit dem Verkünden des Kriegszustands eine unglaubliche Begeisterung, ja ein regelrechter Taumel aus. Stefan Zweig (1881–1942) hat das in seinem Buch »Die Welt von gestern« analysiert. *Wie nie fühlten die Tausende und Hunderttausende Menschen, was sie besser im Frieden hätten fühlen sollen: dass sie zusammengehörten.* Denn *alle Unterschiede der Stände, der Sprachen, der Klassen, der Religionen waren überflutet für diesen einen Augenblick von dem strömenden Gefühl der Brüderlichkeit.* Man freute sich, dass die lange, geradezu unerträglich langweilige, ja dekadente Zeit des Friedens ohne Heldentum und martialische Ideale vorüber war. Thomas Mann (1875–1955) gab sich in seinen »Gedanken zum Krieg« beglückt ob der *Heimsuchung des Krieges* gegen die *Zersetzungsstoffe der Zivilisation*; der *Soldat im Künstler* wird beschworen. Hermann Hesse (1877–1962) schätzte im Dezember 1914 *die moralischen Werte des Krieges [...] im Ganzen sehr hoch ein.* Vielfach wird von einer Reinigung des Geistes geträumt, von einer sittlichen Erneuerung oder dem Vollzug des göttlichen Strafgerichts, zu dem das deutsche Volk wie in einem Heilsereignis aufgerufen sei. *Allein im August 1914 sollen in Deutschland eineinhalb Millionen Kriegsgedichte produziert worden sein,* stellt Corona Hepp in ihrem Buch »Avantgarde« fest (s. S. 154).

Auch der deutsche Katholizismus und der deutsche Protestantismus gaben sich kriegsbegeistert. Besonders die »gottlosen Franzosen« verdienten eine »Züchtigung«, hatten sie doch im Jahr 1905 die Trennung von Kirche und Staat beschlossen. Auf katholischer Seite erhoffte man sich von einem Sieg gar die Re-Katholisierung Europas, und das auch zum Nachteil der evangelischen Kirche sowie der lasterhaften Kunst und Literatur. In den jüdischen Gemeinden Deutschlands befürwortete man nicht zuletzt deshalb den Krieg, um bei einer Neuordnung der Gesellschaft nach dem Sieg mehr Anerkennung zu erlangen. Die Predigten, in welchen der in Berlin wirkende Rabbiner Samson Hochfeld (1871–1921) den Krieg rühmte, waren sehr beliebt. Mit biblischen und sittlichen Begründungen für den Krieg war jede Religion und Konfession schnell bei der Hand. Die Kriegstoten erfuhren – und nicht nur innerhalb der Kirchen – eine sakrale Aufwertung, die einen ruhmlosen Friedensschluss verunmöglichte, da nur ein Sieg ihre Aufopferung rechtfertigen konnte. Zudem riefen Frauenverbände zu größter Opferbereitschaft auf und machten in ihren Reihen »mobil«. Ein »Internationaler Frauenkongress« 1915 in Den Haag mit 1100 Vertreterinnen aus zwölf Ländern, darunter auch deutsche, konnte mit seinem Kriegsprotest nichts gegen die nationalistisch gesinnten Frauen innerhalb der Kriegsparteien ausrichten.

Viele Künstler eilten als Kriegsfreiwillige zu den Fahnen, hielt sich so mancher von ihnen doch mit einem Mal nicht mehr für ausgegrenzt – als ließe sich durch den Patriotismus die Würdigung erreichen, die ihnen als Künstler versagt geblieben war. Etliche starbe, etliche kehrten mit körperlichen und seelischen Verwundungen zurück, etliche wurden überzeugte Pazifisten. Und nach einigen Monaten im Krieg, der nicht aufhören wollte und sich als unfassbar grauenvoll erwies, war bei den allermeisten Freiwilligen die Euphorie verflogen. Der expressionistische deutsch-jüdische Autor Alfred Lemm (geb. 1889) wagte es, einen offenen Brief an Thomas Mann zu richten, um ihm seine Kriegsbefürwortung vorzuwerfen. Als Krankenpfleger im Feld wurde Lemm Ende 1918 ein Opfer der Grippe-Epidemie (»Spanische Grippe«). Auch der französische Dichter Guillaume Apollinaire (s. S. 94) hatte sich im August 1914 freiwillig gemeldet und den Krieg literarisch verherrlicht. Aufgrund einer im März 1916 erlittenen Schädelverletzung war er nicht mehr einsatzfähig und starb am 9. November 1918 ebenfalls an der »Spanischen Grippe«.

MARC UND MACKE ALS FREIWILLIGE

Und dann wurde am anderen Tag die Kriegserklärung veröffentlicht u. wir fuhren nach München. Es ist mir unmöglich mit Worten auszudrücken, was dann über mich kam – in d. Briefen aus d. Feld von Franz, ist alles gesagt. Aber ich konnte mir nun das bange Gefühl erklären, das mich in den letzten Monaten nicht verlassen hatte, erinnerte sich Maria Marc. Mehr als 350 Briefe wird sich das Paar in den vielen Kriegsmonaten schreiben, Maria oft zwölf Seiten und noch darüber hinaus, und das mit Bleistift.

Die Erklärung des Kriegszustands und der Mobilmachungsbefehl ergingen von der Reichsregierung in Berlin. Die einzelnen Länder wie Bayern hatten so gut wie keine Möglichkeiten, darauf einzuwirken. Nichtsdestoweniger verkündete König Ludwig III. von Bayern (reg. 1912–18) am zweiten Tag der Mobilmachung einer großen Menschenmenge, die sich vor dem Wittelsbacher Palais in München drängte, *niemand soll je sagen dürfen, Bayerns König habe auch nur einen Augenblick gezögert, die Treue zum Reich durch die Tat zu beweisen.* Sofort am 1. August erklärte Franz Marc als Freiwilliger seinen Eintritt zum Kriegsdienst. Nur fünf Tage danach wurde er in die 2. Ersatz-Abteilung des Königlich-Bayerischen 1. Feldartillerie-Regiments eingezogen, das am 30. August Richtung Elsass ausrückte. Testamentarisch war seine Frau von ihm als Alleinerbin bestimmt worden.

August Macke hatte sich wie Marc am 1. August in einem Meldebüro eingefunden und war gleich eingezogen worden. Noch war Elisabeth Macke von der Kriegsbegeisterung mitgerissen und fand es *herrlich,* wie sie am 6. August an Maria schreibt, *wenn man sieht, wie gern alle gehen.* In ihren Memoiren klingt das freilich wehmütiger, wenn sie schildert, wie das 9. Rheinische Infanterie-Regiment 160, in dem August als Unteroffizier diente, am 8. des Monats Bonn verließ: *Da standen wir denn auch, Mutter und ich und der kleine Walter, der einen kleinen Säbel umgeschnallt und einen Helm aufgesetzt hatte. Der mit Grün geschmückte und mit vielen Aufschriften bemalte Zug rollte langsam heran. Die Soldaten sangen und riefen den Menschen zu. August schaute weit vorgebeugt aus dem Fenster* und winkte uns so lange zu, bis der Zug nicht mehr zu sehen war. Beide wussten sie, dass das Ende ihres *gemeinsamen Lebens gekommen war*.

Macke, der mit seiner Kompanie ab dem 23. August an der Westfront in Infanteriekämpfe verwickelt wurde, benannte in seinen Feldpostbriefen an seine Frau Elisabeth das Grauen. *Die Leute, die in Deutschland im Siegestaumel leben, ahnen nicht das Schreckliche des Krieges* (6.9.1914). Schon bald, nämlich am 26. September, wurde er in der Champagne bei einem Angriff gegen französische Stellungen getötet. Seine Leiche sei, so hieß es in einer offiziellen Benachrichtigung, *in die Hände der Franzosen gefallen*. Elisabeth vermerkte dann noch: *Lange Zeit später, als Helmuth Macke in die Champagne kam und dort durch das Scherenfernrohr sehen konnte, schrieb er mir, man sähe nur Berge von Leichen aufeinandergetürmt liegen, die mit Kalk über-streut seien.* Allerdings existiert ein Grab für August Macke auf einem Soldatenfriedhof in der nordfranzösischen Gemeinde Souain-Perthes-lès-Hurlus.

Am 25. Oktober 2014 schrieb Franz Marc spontan einen Nachruf auf den Freund. Der Text beginnt mit einer Aussage über das *Blutopfer, das die erregte Natur den Völkern in großen Kriegen abfordert*. Marc betont die reuelose Begeisterung, ja dass die Gesamtheit stolz *unter Siegesklängen den Verlust* trage. Die Nachricht vom Tod des Freundes hatte Marcs Kriegs-begeisterung demnach noch nichts anhaben können, auch wenn er in dessen Tod einen großen Verlust für die Kunst sah. *Im Kriege sind wir alle gleich. Aber unter tausend Braven trifft eine Kugel einen* Unersetzlichen. *Mit seinem Tode wird der Kultur ei-nes Volkes eine Hand abgeschlagen, ein Auge blind gemacht.* Die persönlichen Tränen aber solle die Öffentlichkeit nicht wahr-nehmen; *denn die Gesundheit des Ganzen will es so.* Für Elisa-beth Macke findet Franz Marc tröstlichere Worte, wobei auch seine eigene Trauer um den Freund mehr zum Ausdruck kommt: *Ich denke jetzt so oft an Dich, an alle Einzelheiten unsrer lieben, gemeinsamen Erinnerungen, an Augusts Atelier, und was aus unsrer Freundschaft und gemeinsamen Arbeit noch hätte wer-den können! Was mich für Dich tröstet, ist, dass Du wenigstens die* beiden lieben Buben von ihm hast, in denen August immer lebendig bleibt. Was mir den Abschied von Maria schwer macht, war gerade der schwermütige Gedanke, dass ich sie ganz allein zurücklasse, wenn ich nicht wiederkomme, ohne jede Zukunft und Aufgabe (5.11.1914). Elisabeth bekannte in ihren Memoiren: *Aus den Feldbriefen von Marc an mich erkennt man seine Treue.*

DER MYSTISCHE SCHRECKEN

Wassily Kandinsky hatte Franz Marc bereits in einem Brief vom 30. Dezember 1912 seine Abscheu vor einer drohenden kriegerischen Auseinandersetzung drastisch kundgetan: *Ich fühle so stark die Teufelshand darin, dass es mir kalt wird.* Eine *stinkende Schleppe* würde *über den ganzen Erdball ziehen*; und es schaudere einen, wenn man sich *die Berge von Leichen* ausmale. Marc hegte da ganz andere Erwartungen an den Krieg, wie es den Zeilen zu entnehmen ist, die er am 24. Oktober 1914 aus dem lothringischen Dorf Hagéville an Kandinsky sandte: *In solcher Zeit wird jeder, er mag wollen oder nicht, in seine Nation zurückgerissen. Ich kämpfe in mir sehr dagegen an; das gute Europäertum liegt meinem Herzen näher als das Deutschtum. [...] Ich selbst lebe in diesem Kriege. Ich sehe in ihm sogar den heilsamen, wenn auch grausamen Durchgang zu unsern Zielen; er wird die Menschen nicht zurückwerfen, sondern Europa reinigen.*

Marc, der sich in der Etappe befand, berichtete Kandinsky im selben Brief auch von seinen bisherigen Kriegserfahrungen. *Nach den ersten 4 Wochen unsäglicher Strapazen, die ich in den Vogesen durchzumachen hatte, nach allen Schrecknissen und Schreckbildern des Krieges bin ich seit Anfang Oktober in große Ruhe gekommen. Erst erkrankte ich an der Ruhr und lag 16 Tage im Lazarett in Schlettstadt still wie ein Knabe, dann reiste ich wieder meiner Truppe nach.* Doch die *ganze Division ist von den Vogesenkämpfen so dezimiert und auch durch Krankheit erschöpft, dass man ihr jetzt Ruhe gönnt.*

Zuvor, nämlich am 27. August 1914, war er zum Unteroffizier befördert und zur leichten Munitions-Kolonne der Ersatz-Abteilung der Feldartillerie-Regimenter 1 und 4 überstellt worden. Wie es scheint, hat das Kriegsgeschehen Marcs Stimmung anfangs eher noch gehoben. Am 1. September hat er an Marie geschrieben: *Liebe, habe heute die erste Wache abgehalten [...]; es war sehr stimmungsvoll, wunderbar herbstliche Sternennacht. Wie ist das alles anders als dieser langweilige Garnisondienst!* – Und am nächsten Tag: *Auf der Heeresstraße Sales-Dié ein unglaubliches Kriegstreiben; ich fühl mich so wohl dabei, wie wenn ich immer Soldat gewesen wäre.*

Als Meldereiter, der er inzwischen geworden war, hatte Marc Befehle aus dem Divisionsstab nach vorne zu den Stellungen der Artillerie zu bringen. Dort sah er die furchtbaren Verstümmelungen der Verletzten und die zahlreichen Toten. Aber, so ist der Eindruck, konnte ihn kaum etwas wirklich schrecken, wie aus einem Brief vom 6. September 1914 an »Maman« und Maria hervorgeht: *Der Leichengeruch auf viele Kilometer im Umkreis ist das Entsetzlichste. Ich kann ihn weniger vertragen als tote Menschen u. Pferde sehen. Diese Artilleriekämpfe haben etwas unsagbar Imposantes u. Mystisches. Ich bin körperlich sehr wohl, der Rotwein hält meinen Magen zusammen.* Geradezu schwärmerisch klang es in einem weiteren Brief an Maria vom 12. des Monats: *Ich fühle den Geist, der hinter den Schlachten, hinter jeder Kugel schwebt, so stark, dass das realistische, materielle ganz verschwindet. Schlachten, Verwundungen, Bewegungen wirken alle so mystisch, unwirklich, als ob sie etwas ganz anderes bedeuteten, als ihre Namen sagen.* Denkbar ist, dass diese Überhöhung des Gemetzels wenigstens zum Teil auch psychischen Ursprungs war, um die furchtbaren Eindrücke überhaupt ertragen zu können. Vielleicht versuchte Marc deshalb so hartnäckig, hinter die Dinge zu sehen. Sie mussten einen Sinn ergeben. Später wird Franz Marc seiner Frau, um sie zu schonen, deutlich weniger die schrecklichen Anblicke des Krieges schildern – eine Zurückhaltung, die er sich in den ersten Monaten noch nicht auferlegt hat.

Gedanken aus dem Krieg

Franz Marc hat an der Front auch einige in sich geschlossene Abhandlungen verfasst; so den für die »Vossische Zeitung« in Berlin geschriebenen Artikel »Im

Fegefeuer des Krieges«. Der von ihm ursprünglich gewählte Titel »Artilleristisches und Anderes« war für die Veröffentlichung geändert worden. *Was wir Krieger in diesen Monaten draußen erleben, überragt in weitem Bogen unsre Denkkraft. Wir werden Jahre brauchen, bis wir diesen sagenhaften Krieg als That, als unser Erlebnis werden begreifen können.* Der »sagenhafte Krieg« ist eine Tat, die den leeren Worten ein Ende bereitet. Im Kanonendonner spürt Marc, *dass alle Sage, alle Mystik, aller Okkultismus einmal Wahrheit wird, also auch einmal Wahrheit gewesen ist.* Der Krieg zerbreche *das Morsche,* stoße *das Faulende* aus und mache *das Kommende zur Gegenwart.* Der Artikel ist in der genannten »Vossischen Zeitung« (15.12.1914), im »Kunstgewerbeblatt« (April 1915) und in der Zeitschrift »Der Sturm« (April 1916) erschienen.

Mit der Schrift »Das geheime Europa« (vom November 1914) vertiefte Marc wiederum seine Überzeugung, dass es in diesem Krieg nicht um die Einzelinteressen von Nationen gehe, sondern darum, dass Europa sich vom alten Erbe befreie. Statt gegen einen äußeren Feind kämpfe man in Wirklichkeit *gegen den inneren, unsichtbaren Feind des europäischen Geistes, gegen* die *Dummheit und Dumpfheit, das ewig Stumpfe.* Denn Europa sei krank und wolle gesund werden. *Es gibt ein geheimes Europa, das vielwissende, alles hoffende Europa der geheimen Geister, den Typ des »guten Europäers«, den schon Nietzsche entdeckt und geliebt hat.* Um der *Reinigung* willen werde der Krieg geführt und *das kranke Blut vergossen.*

In der Mitte seiner dritten Abhandlung, die den Titel »Der hohe Typus« trägt (»Das Forum«, März 1915), steht der Satz: *Der Krieg rührt wie ein Zauberer alles Schlummernde, Ungesagte, auf; er wird zum Maß aller Dinge. [...] Jetzt ist die Stunde, in der alle Werte neu gemessen werden, und die Gedanken ihre neue, freie Form bekommen.*

Anfang 1915 begann Franz Marc dann mit der Arbeit an den »100 Aphorismen«, die den Untertitel »Das zweite Gesicht« tragen. Darin beabsichtige er – so in einem Brief an Maria vom 21. Januar 1915 –, sein *ganzes Gedankengebäude* zu entfalten, *Stein auf* Stein und *lückenlos*, und dennoch so, *dass man jeden Gedanken für sich betrachten u. gewissermaßen auf der Hand halten kann*. Unter dem »zweiten Blick« versteht Marc den Blick hinter das Materielle, also auf das »geistige Sein« der Dinge. *Die Kunst wird das zweite Gesicht der Dinge, die Dichtung den zweiten Klang der Worte hören und das Denken den zweiten Sinn der Geschehnisse erkennen* (24. Aphorismus). Der Vorrang komme dabei der exakten Wissenschaft zu, obwohl die ›technische Überwindung der Welt‹ nicht für den Endzweck der Wissenschaft gehalten werden dürfe. Denn gerade darin liege der Missbrauch, der mit *dem heiligen Wissen der Neuzeit* getrieben werde. Tatsächlich habe der große Krieg gelehrt, dass *die wunderbarsten Triumphe unserer ›kriegerischen Wissenschaft‹ uns wieder in das primitivste Zeitalter des Höhlenmenschen zurückgezwungen* haben (64. Aphorismus).

Malerfreund Paul Klee (s. S. 106) fühlte sich von Marcs Text »Im Fegefeuer des Krieges« so sehr provoziert, dass er ihn in einem Brief vom 3. Februar 1915 unmissverständlich kritisierte: *Für mich ist der Krieg eigentlich nicht notwendig gewesen, aber vielleicht für die anderen alle, die noch so zurück sind*. Auch Heinrich Campendonk (s. S. 83) ließ sich von Marcs Kriegseuphorie nicht anstecken, zumal er seiner Einberufung alles andere als entgegenfieberte. Franz Marc erwähnt ihn beiläufig am Ostermontag 1915 in einem Brief an Elisabeth Macke: *Campendonk ist jetzt auch Rekrut (in Augsburg) – jetzt ist wirklich* alles *auf den Beinen, zum letzten Gang in diesem grausigen Krieg*. Campendonk musste seinen Militärdienst bis 1916 durchstehen. Der Kriegsfreiwillige Oskar Kokoschka (s. S. 128f.) hingegen solidarisierte sich mit Franz Marc, überlebte seinen Einsatz bei einem österreichischen Dragoner-Regiment allerdings nur mit äußerst schweren Verletzungen (August 1915).

DEPRESSION UND KRITIK

Zu Hause fürchtete Maria Marc jeden Tag um das Leben ihres Mannes und sehnte sich nach ihm. Wohl auch deshalb hatte sich die rheumatische Erkrankung der Hände erneut eingestellt. Mit ihrer Schwiegermutter, Sophie Marc, die zu Kriegsbeginn nach Ried gekommen war und für fast drei Monate blieb, war das Zusammensein eher belastend, worüber sie sich in mehreren Briefen an Franz beklagte, so auch im Oktober 1914. *Maman sieht elend aus – sie fühlt sich nicht wohl hier, das merk ich; – ich wäre lieber allein – diese stumme Duldermiene kann ich kaum noch ertragen. Aber ich bin schon brav, mein Lieb, wenn mir's auch verdammt schwer wird.*

Maria neigte wieder zu Depressionen, zumal die Situation mit der neuen dörflichen Nachbarschaft, der Villa und den Tieren schwierig war. Im Dorf fühlte sie sich nicht akzeptiert, was wohl auf Gegenseitigkeit beruhte; das Haus wollte gepflegt und im Winter einigermaßen beheizt sein, und das trotz der kriegsbedingten Kohlenrationierung; »Hanni«, das Reh, wurde mehrfach von der Wiese getrieben, auf »Schlick«, den Rehbock, war geschossen worden; und »Russi« machte sein Hundealter zu schaffen. Auch Franz hing ja an den Tieren. Selbst die beiden – wenn auch nicht allzu üppigen – Bankguthaben, über die das Ehepaar verfügte, vermochten Maria nicht wirklich zu beruhigen. Und zum Malen fehlte ihr jegliche Motivation. Lediglich das Sticken betrieb sie ein wenig, und Franz bestärkte sie sofort darin: *Sticke nur fleißig u. recht schön u. frei, Du Liebe; sticke alle Sehnsucht hinein, aber auch allen* Mut. *Ich schlaf jetzt warm u. schön in m. Schlafsack auf Heu u. meine oft, ich bin auf der Alm! Aus tiefem Herzen Dein Fz.* (11.2.1915)

Zu allem Ungemach kam das Unglück, dass sich Marias Bruder Wilhelm als Soldat an der russischen Front eine Lungenentzündung zugezogen hatte, an der er im Dezember 1914 verstarb. Maria eilte gemeinsam mit ihrer Mutter zur Beerdigung nach Ostpreußen. Weihnachten 1914 verbrachten sie in Berlin. Anschließend begleitete Helene Franck ihre Tochter nach Ried, wo sie bis April bleiben wird. Doch selbst dieses Zusammenleben bringt Maria weder Zufriedenheit noch Beruhigung, wie

Franz zu lesen bekommt: *Das eine ist jedenfalls sicher – Dass es besser für mich ist, allein zu bleiben, als mit einem so nervösen Menschen, wie Muttchen, zusammen zu sein. [...] Ich kann einfach jetzt nicht das sein für Muttchen, was sie braucht – ich habe nicht die Kraft.* (17.2.1915)

Anfang Januar 1915 wurden Maria und die Klees vom Ehepaar Niestlé zur Taufe der Zwillingstöchter Colette und Margrit eingeladen (s. S. 126). Doch selbst dabei legte sich die Traurigkeit nicht, wie Maria ihrem Franz am 14. Januar 1915 mitteilt: *Auch wenn ich – wie letzthin auf der Taufe zwischen lustigen u. glücklichen Menschen bin u. gar selber mitlache – verlässt mich nie innerlich die namenlose Traurigkeit – die Trauer um das, was wir verloren und die Sorge und Sehnsucht um Dich.* Im selben Brief vergleicht sich Maria mit Elisabeth Macke und sieht diese ihrer Jugend, ihrer Kinder und ihrer *sorgenfreien Verhältnisse* wegen in einer besseren Lage, kaum bedenkend, dass August Macke noch nicht lange tot ist. Allenthalben spiegelt sich Marias Depression wider.

Die Angst um Franz war und blieb freilich der Hauptgrund ihrer Niedergeschlagenheit. Die in seiner Feldpost aufscheinende Kriegsbegeisterung irritierte Maria über die Maßen. Sie widersprach seiner Einstellung in ihren Briefen, wo sie nur konnte, was Franz wiederum viel Geduld abverlangte und ihre Beziehung sogar gefährdete. Schon im September 1914 hatte sie sich empört, dass sich im Krieg der Unterschied *zwischen Recht und Unrecht* auflöse und dass die Gedanken über Menschlichkeit und Moral oder das Völkerrecht umsonst gewesen seien. An Gabriele Münter (s. S. 75f.) schrieb sie: *Die Menschen müssten sagen: wir wollen uns nicht bekriegen – der Krieg ist abscheulich und gemein! Und dazu gehört eine* viel viel *größere Kraft, als dazu, Krieg zu führen.* (3.4.1915)

Sie glaubte, in Anspielung auf Franz Marcs Aussagen in seiner Schrift »Das geheime Europa« (s. S. 138), *an keine reinigende Wirkung durch etwas Böses.* Und seinen Artikel »Der hohe Typus« (s. S. 138) wollte sie, weil *Unwahrheiten* darin stünden, gleich gar nicht veröffentlicht wissen. Auch seiner Aufforderung, Nietzsche zu lesen, kam sie nicht nach. Am 10. Juni 1915 belehrt sie in einem langen Brief, wohl unter dem Einfluss ihres neuen Seelenfreundes Heinrich Kaminski (s. S. 145) stehend, Franz sogar: *Nein, mein Lieb – man muss tiefer denken, [...] dann kommt man zur Wahrheit – verlass dich darauf. Und du hast mir im Grunde bitter Unrecht mit deinem Briefe getan. Ich denke – du hast alle meine Briefe nicht verstanden. Es handelt sich wahrhaftig nicht um Prinzipien im dummen Sinn, wie du meinst.*

Außerdem hatte sie, gleichfalls angeregt durch Kaminski, ihrem Ehemann empfohlen, statt Nietzsche lieber Tolstoi zu lesen, und ihm kurzerhand dessen Buch »Was ist Kunst?« ins Feld geschickt. Lew Nikolajewitsch Tolstoi (1828–1910) ist bei Franz Marc allerdings gründlich durchgefallen, wie das seinem Brief vom 18. April 1915 an Maria zu entnehmen ist: Es fehle Tolstoi an Menschenkenntnis. Er wirke in seinem Buch *merkwürdig soziologisch* und wie ein *Weltverbesserer* oder *Glücksschwärmer*. Der russische Autor sehe das christliche Gottesreich *friedlich-ackerbaulich, als Glücksstaat [...] u. noch mehr als: anständigen Vernunftstaat. Tolstoi ist gegen Jesus gehalten ein ganz schwacher Menschenkenner.*

UNBELEHRBAR?

Marc hielt immer noch an seiner Kriegseuphorie fest, denn erst Mitte des Jahres 1915 beginnt bei ihm ein Umdenken. In seinem Brief vom Weihnachtsabend 1914 heißt es: *Liebste, ich bin ganz vergnügt über dieses Wachstubenweihnachten. Die Nachricht über Wilhelm hat mich so melancholisch gemacht, dass ich heute lieber nicht unter den Kameraden sitze. Ich kann ungestörter an Euch alle, an mein Leben und unsre Zukunft – und Vergangenheit denken.* Und weiter: *Aber ehe der Krieg vorbei ist, will ich gar nicht heim – schon weil ich es nicht kann. [...] Ich bereue auch keinen Tag, mich ins Feld gemeldet zu haben. Ich wäre in München stets unglücklich, gedrückt und unzufrieden gewesen und hätte für mein Wesen und Denken zu Hause nichts gewonnen, sicher nicht das gewonnen, was mir heraußen der Krieg gegeben hat.* Im Brief vom 27. Dezember 1914 ist zu lesen: *Die Kämpfe der Infanteristen, deren Zeuge ich gestern war, sind freilich grausiger, als ich sie je vorher gesehen. Ich war gestern abend ganz erschüttert; der*

Mut, mit dem sie vorgehen, und die Gleichgültigkeit, ja Freudigkeit für Tod und Wunden hat etwas Mystisches; diese Stimmung ist natürlich auch das Versöhnende, die Erklärung des dem gewöhnlichen Verstande Unerklärlichen. Unsere Artillerie schießt jetzt glänzend, bedeutend besser als am Anfang.

Das klingt schon merkwürdig abgehoben, um nicht zu sagen, überheblich. Marc erkennt noch nicht, dass der Krieg nur sinnlos zerstört, obwohl er seiner Ansicht nach doch veredelnd auf die Menschen wirken sollte. Es ist kaum nachzuvollziehen, wie er so denken und empfinden konnte. Schließlich stammte Marc aus einem liberalen Elternhaus, war ein gebildeter Mensch, ein höchst sensibler und weltoffener Künstler und christlichen Werten nicht abgeneigt. Freilich sind die extremen psychischen und physischen Belastungen, denen Soldaten im Krieg ausgesetzt sind, zu berücksichtigen.

DER EHEMANN UND DER KOMPONIST

Nachdem er »Die 100 Aphorismen« (s. S. 138f.) am 20. Februar 1915 beendet hatte, wandte sich Franz Marc, sofern ihm der Dienst Zeit dafür ließ, wieder seiner eigentlichen Leidenschaft zu, dem bildnerischen Gestalten. Seit Kriegsbeginn hatte er keinen Zeichenstift oder Pinsel mehr angerührt. *Ich schreibe ja im Grunde nur,* erklärt er Maria (20.2.1915), *weil die Berufenen versagen u. um sie zu reizen u. zu wecken und letzten Endes schreibe ich überhaupt nur für mich u. was ich schreibe, bedarf notwendig der Ergänzung durch meine – ungemalten! – Werke.* Oder lag der Grund für die unvermittelte Aufnahme der künstlerischen Tätigkeit woanders? Am 17. März erwähnt er in einem Brief an Maria: *Bei mir stapelt sich alles bis zur schmerzhaften Müdigkeit im Kopf; aber ich fang jetzt leise an, im Skizzenbuch zu zeichnen; das erleichtert u. erholt mich.* Verbergen sich dahinter Anzeichen einer psychischen Krise, näherhin einer – durchaus verständlichen – Kriegspsychose? Am 22. Mai 1915 berichtet er seiner Frau, dass er oft in einer Art *Dämmerzustand* sei, *ähnlich wie im Traum, wenn man merkt, dass man nur träumt und doch trotzdem weiterträumt.* Allerdings könne der Geist *unbedingt auch ohne Körper leben.* Und am 25. Mai gesteht er gegenüber Maria die

Skizze 19 im „Skizzenbuch aus dem Felde", 1915.

gegenwärtig *große Spaltung* seines *Wesens* ein, weil er verschiedene Leben nebeneinander führe. *Das eine Leben des Soldaten, das für mich vollkommene Traumhandlung ist u. bei dem ich beständig den sonderbarsten Ideenassoziationen u. Erinnerungen unterworfen bin, z. B. als ob ich bei den Legionen Cäsars stünde, – das ist kein Witz; ich bin auch durchaus nicht krank [...]. So kommen mir auch die Bewohner der Gegend durchaus als Verstorbene vor, als Schatten (nach dem griechischen Hadesbild). Das sind keine* Erlebnisse *mehr für mich; ich* sehe *mich ganz objektiv wie einen Fremden herumreiten, sprechen u.s.w.*

Maria Marc war unterdessen, nämlich im März 1915, in den Bann eines anderen Künstlers geraten, der sie mit seiner suggestiven Wirkung in ihrer Niedergeschlagenheit und Einsamkeit aufzumuntern verstand. Sie berichtete zwar gewissenhaft jedes Detail der platonischen Freundschaft ihrem Ehemann, aber sie schwärmte auch von ihrer neuen Bekanntschaft. Der Komponist Heinrich Kaminski (1886–1946) war im Mai 1914, also ungefähr zur selben Zeit wie die Marcs, nach Ried gezogen, hatte das Künstlerpaar aber nicht kennengelernt. Obwohl er nur über bescheidene Mittel verfügte, brauchte er um seinen Lebensunterhalt nicht zu fürchten, da er von bildungsbürgerlichen Frauen umschwärmt war. Maria und ihn verband sogleich die missliche Situation in Ried, wurde er doch von der einheimischen Bevölkerung noch kritischer beäugt als sie, allein schon deshalb, weil er gern kaftanartige Gewänder trug und in seiner Religiosität christliche und fernöstliche Einflüsse mischte. Zudem war er Pazifist und konnte mit Hilfe einer einflussreichen Dame seine Einberufung verhindern. Maria analysierte mit ihm sogar Briefe ihres Mannes, wobei Kaminski sie sehr wohl in ihrer politischen Haltung zum Krieg beeinflusste.

Franz wusste natürlich nicht so recht, was er von dem tröstenden Freund halten sollte. Von den Klees hatte sich Maria entfernt und vollführte ihre Klavierübungen anstatt mit Lily Klee nun mit Kaminski. Am 5. Mai 1915 schrieb sie an Franz: *Alles was ich tue, ist eigentlich nur Betäubung – Garten – Klavier spielen – Schneidern. Auch Besuch haben od. machen – bei nichts bin ich wirklich dabei. Wär' wenigstens K. da. Er ist der einzige Mensch, mit dem ich wirklich gern rede u. gern zusammen bin.* Glücklicherweise wurde Franz Marc für Anfang Juli 1915 ein Fronturlaub gewährt. Prompt hoffte Maria darauf, dass Franz und Kaminski sich verstehen würden. *Ich bin so neugierig, wie K. u. du Euch gefallen werdet. [...] Denn K. hat nur einen Freund u. freundet sich leichter u. besser mit Frauen an. Er muss dir schon gefallen – ein so feiner Geist u. diese Musik werden ihre Wirkung auf dich nicht verfehlen.*

Doch zunächst hatten Maria und Franz, der seine Skizzenblätter mitbrachte, seelisch die Distanz zwischen der Front und der Heimat zu überwinden, also zwischen zwei gänzlich unterschiedlich verlaufenen Lebensabschnitten, die für beide innere Veränderungen mit sich gebracht hatten. Maria erschrak anfänglich ob seines starren Blicks, der sich aber, wie sie erleichtert feststellte, mit der Zeit ganz und gar verlor. Paul Klee erlebte, wie er in seinem Tagebuch vermerkt, den Fronturlauber in München unausgesetzt redend, obwohl er doch einen sehr müden Eindruck machte und *sichtlich abgemagert* war. Das Bekanntwerden mit Heinrich Kaminski war anscheinend problemlos verlaufen. Außerdem wurde die Beziehung zwischen Franz und Maria wieder enger. Natürlich lastete in diesen wenigen Tagen des Beisammenseins die bedrückende Gewissheit auf ihnen, bald wieder auseinander gehen zu müssen. Wer konnte wissen, ob dies ihre letzte Begegnung war?

Gleich auf der Rückfahrt an die Front schrieb Franz seiner Frau aus Straßburg: *Ich trage so viele freudige Erinnerungen an die Liebe in der Heimat mit mir hinaus, dass mir die Tage doch ein Segen sind; sei nicht traurig, dass ich in vielem so schweigsam war, – ich konnte nicht anders* (17.7.1915). Und von Maria ist am 30. September nach einem Besuch im Häuschen Kaminskis zu lesen: *Es strömte so viel Lebenskraft aus u. die Ruhe wirkte ganz wohltuend auf meine unstete, rastlose Seele. Aber die Sehnsucht nach Dir wurde so groß – ich hätte können aufschluchzen und dann weinen – weinen!*

DES STERBENS ÜBERDRÜSSIG

Maria Marc hasste den Krieg unausgesetzt. Auch bei Franz stellten sich nun ernsthafte Zweifel ein. Er äußerte sich jetzt mehr und mehr offen dazu, so etwa gegenüber Elisabeth Macke am 5. Oktober 1915: *Die Welt, die Arbeit und die Liebe, alles rückt so traumhaft fern in diesem endlosen, lieblosen Kriege!! Ich schrieb in den letzten Monaten fast nur mehr Maria und meiner Mutter, aber meine Gedanken waren eigentlich in einem Nirgendwo, unstet, unproduktiv, voll Hass gegen diesen Krieg.* Am 1. Dezember bekannte er seiner Mutter: *Heraußen fühl ich mich immer als Larve; der Krieg hat sich längst selber überdauert und ist sinnlos geworden; auch die Opfer, die er fordert, sind sinnlos geworden.* Zum neuen Jahr 1916 teilte er Maria mit: *Die Welt ist um das blutigste Jahr ihres vieltausendjährigen Bestehens reicher.* [...] *Und das alles um* nichts, *um eines Missverständnisses willen, aus Mangel, sich dem Nächsten menschlich* verständlich *machen zu können!* Und Bernhard Koehler in Berlin erfährt von Marc, *es wäre höchste Zeit, einen dicken Strich unter dies traurigste Kapitel europäischer Geschichte und des europäischen Rüstungszeitalters zu machen* (9.1.1916).

Im August 1915 war Franz Marc mit dem »Eisernen Kreuz 2. Klasse« dekoriert worden. Als er dann im November überraschenderweise für weniger als 14 Tage einen zweiten Heimaturlaub erhielt, konnte Maria ihn sogar im Range eines Leutnants begrüßen, zu dem er am 13. Oktober befördert worden war. Auch dieser Urlaub war Balsam für die Seelen der beiden. *Du bist mir unsagbar lieb und unsagbar viel gewesen, mein lieber guter Franz!* Zu Beginn des Jahres 1916 allerdings meinte Maria einen Grund zur Eifersucht zu haben, denn ihr Franz lobte zu sehr die Briefe, die er von Else Lasker-Schüler (s. S. 114ff.) an die Front geschickt bekam. *Sie ist halt auf gut deutsch ganz verliebt in dich!*, warf Maria ihm vor. Doch schließlich ließen sie und Franz die Sache einfach auf sich beruhen, was realistisch war.

Nach den Weihnachtstagen in Ried hatte sich Maria endlich zu längeren Besuchsreisen aufgerafft. Noch im Januar fuhr sie zu ihrer Mutter nach Berlin und versäumte es dabei auch nicht, bei Herwarth Walden und Bernhard Koehler vorbeizuschauen. Ab 13. Februar 1916 weilte sie bei ihrer Freundin Elisabeth Macke in Bonn. In Ried war unterdessen »Hanni«, das Reh, eingegangen; und wenige Tage darauf war der treue »Russi« ebenfalls tot. Franz war traurig, hatte es aber *würdiger und mitleidiger* gefunden, *ihm seinen Eingang in den Hundehimmel zu erleichtern.*

Anfang Februar tat sich für ihn und Maria freilich ein wahrer Hoffnungsschimmer auf, denn der Maler und Schriftsteller Richard Seewald (1889–1976) teilte Maria mit, dass ihr Mann eventuell zu einer Gruppe »ganz hervorragend Begabter« gerechnet werden könne, die nach einem Plan des zuständigen Ministers und im Einvernehmen mit der Heeresleitung von der Front abzuziehen seien. Vor einer endgültigen Entscheidungsfindung jedoch wurde Leutnant Franz Marc an die Front vor Verdun abkommandiert.

DES LEBENS REST

Die Schlacht um Verdun begann am Morgen des 21. Februar 1916 mit deutschem Artilleriefeuer aus über 1200 Geschützen, das neun Stunden andauerte. In seinen Briefen an Maria schilderte Franz Marc den Vormarsch, wie etwa in seinem Schreiben vom 27. Februar: *Nun sind wir mittendrin in diesem ungeheuerlichsten aller Kriegstage. [...] Von der wahnsinnigen Wut und Gewalt des deutschen Vorsturms kann sich kein Mensch einen Begriff machen, der das nicht mitgemacht hat. Wir sind im wesentlichen Verfolgungstruppen. Die armen Pferde!* Und am 2. März heißt es: *Seit Tagen seh ich nichts als das Entsetzlichste, was sich Menschengehirne ausmalen können.* Maria ist natürlich voller Sorgen; aber Franz versucht sie – und sich? – zu beruhigen, indem er mehrfach betont, wie körperlich frisch und innerlich wohlauf er sei. Damit die Geschütze nicht aus der Luft erkannt würden, breitete man Zeltplanen über sie. Marc bemalte diese Planen mit Tarnfarben.

Am 4. März, einem hellen Frühlingstag, erreicht ihn morgens noch der unterwegs liegen gebliebene Geburtstagsgruß Marias von Anfang Februar, für den er sich sogleich bedankt. *Momentan hausen wir mit der Kolonne auf einem gänzlich verwüsteten Schlossbesitz, über den die ehemalige französ. Frontlinie ging. Als Bett hab ich einen Hasenstall auf den Rücken gelegt, das Gitter weg und mit Heu ausgefüllt u. so in ein noch regensicheres Zimmer gestellt! [...] Sorg Dich nicht, ich komm schon durch, auch gesundheitlich. Ich fühl mich gut u. geb sehr acht auf mich. Dank viel, vielmal für den lieben Geburtstagsbrief! Küsse Dein Fz.* Die Soldaten hatten sich zu diesem Zeitpunkt bei Verdun im Schloss von Gussainville nahe Braquis einquartiert.

Nachmittags bricht Marc zu einem Erkundungsritt auf, um einen Waldweg für die Munitionsanlieferung in Augenschein zu nehmen. Das, was dort geschieht, schildert sein Kommandeur Hans Schilling (1869–1950), der im zivilen Leben Komponist und Kapellmeister war, in der Frankfurter Zeitung vom 8. Juli 1917 mit folgenden Worten: *Nach kaum zwanzig Minuten kam sein treuer Pferdewärter H. blutüberströmt und selbst leicht verwundet zurück. Er zeigte unter Tränen nach dem Waldeingang, wo eben sein Herr durch einen Granatdoppelschuss gefallen und in seinen Armen gestorben war. [...] Franz Marc war tot!* – Seine Leiche wurde geborgen und am nächsten Tag, einem Sonntag, unter Anteilnahme seiner Truppe im Schlosspark beigesetzt. Einen Tag später wurde der Malerfreund Paul Klee eingezogen.

Maria Marc befand sich noch bei Elisabeth in Bonn. Als die beiden Frauen am 5. März nichtsahnend von einem nachmittäglichen Besuch bei Elisabeths Mutter zurückkehrten, sahen sie – so die Beschreibung in Elisabeths Erinnerungen – *unter der Haustüre etwas Weißes liegen. Es war die Benachrichtigung, dass ein Telegramm für Frau Maria Marc angekommen sei, mit der Bitte, es an der Post abzuholen.* Als Maria die Todesnachricht gelesen hatte, hielt sie nichts mehr in Bonn. Sie wollte in ihrer Trauer nach Hause.

Annette von Eckardt gestaltete ihren Nachruf auf den früheren Geliebten und langjährigen Freund Franz Marc in Form der »Stella Peregrina«, einer Sammlung von 18 von ihr selbst handkolorierten Faksimiledrucken nach Originalzeichnungen Marcs (s. S. 28). Seine andere Bewunderin, Else Lasker-Schüler, fasste ihre Trauer in einem Gedicht über den »Blauen Reiter«. Die »Münchener Neue Secession«, die 1913 aus der »Münchener Secession« (s. S. 29) hervorgegangen war, richtete mit Maria Marcs Unterstützung bereits im Herbst 1916 eine Gedächtnisausstellung für Franz Marc aus. Auch in der »Sturm«-Galerie Herwarth Waldens in Berlin wurden im darauffolgenden Winter Gemälde des Künstlers gezeigt. Im Jahr 1917 veranlasste Maria Marc, dass der Leichnam ihres Mannes exhumiert und nach Kochel am See überführt werde. Beide sind dort auf dem Friedhof der katholischen Kirche Sankt Michael bestattet.

Grab von Franz und Maria Marc in Kochel am See.

Maria Marc

Ihre Lebensaufgabe war, den umfangreichen schriftlichen Nachlass ihres Mannes zu sichten und druckfertig zu machen. In ihrem Heim in Ried, das sie seit 1914 bewohnte, pflegte sie ihre eigene künstlerische Begabung als Weberin.
So hieß es im Nachruf auf die Künstlerwitwe Maria Marc in der Münchner Abendzeitung vom 26. Januar 1955. Maria war tags zuvor nach achttägiger Krankheit im Alter von 78 Jahren verstorben.

Doch es ging für sie nicht nur um die von Franz Marc verfassten Texte und Briefe, sondern vor allem um sein künstlerisches Werk. Marc hinterließ an die 250 Gemälde, Studien und Skizzen sowie fast die gleiche Anzahl an Blättern in Aquarell-, Pastell- und Temperatechnik. Dazu kamen an die 100 Postkarten und Briefblätter, die Druckgrafiken, Entwürfe, Hinterglasbilder und die Plastiken. All das hatte er in rund zehn Jahren geschaffen, und um vieles davon hatte sich nun Maria Marc zu kümmern.

Sehr viel Zeit zur Trauer blieb ihr nach dem Tod ihres Mannes gar nicht; denn noch während des Ersten Weltkriegs setzte ein großes Interesse für Marcs Bilder ein. 1917 löste sich Maria Marc von Herwarth Walden (s. S. 105), dem wichtigsten Galeristen ihres Mannes, und übernahm in Ried von nun an selbst die Verwaltung seines Nachlasses. Sie redigierte die Briefe und Aufzeichnungen, die Paul Cassirer (s. S. 103f.) 1920 erstmals herausbrachte. Zwei Jahre später betraute sie den Kunsthistoriker Alois Schardt (1889–1955) mit der Aufgabe, eine Franz-Marc-Biografie zu verfassen. Dann galt es, die der modernen Kunst abgeneigte NS-Diktatur zu überstehen, in der 131 Werke von Franz Marc beschlagnahmt wurden.

Bald nach dem Zweiten Weltkrieg war eine weitere Franz-Marc-Renaissance erkennbar. Die Künstlerwitwe hatte auch in ihren letzten Jahren immer viel zu tun. Viele Schreibarbeiten waren zu erledigen, mit Verlegern war zu sprechen, Ausstellungen waren zu organisieren. 1950 legte dann der Kunsthistoriker Klaus Lankheit (1913–92) eine zweite Marc-Biografie vor, zu welcher Maria Marc das Nachwort verfasst hat.

Zeittafel

1880	Geburt am 8. Februar als zweiter Sohn von Sophie und Wilhelm Marc in München
1892	Begegnung mit Pastor Otto Schlier
1894	Konfirmation
1899	Abitur
1900/01	Einjähriger Militärdienst
1901	Italienreise mit Bruder Paul
1901/02	Studium an der Münchener Kunstakademie
1903	Frankreichreise mit dem Studienfreund Friedrich Lauer
1904	1. Atelier in München; Liebesaffäre mit Annette von Eckardt; Freundschaft mit Jean-Bloé Niestlé
1905	1. Begegnung mit Maria Franck (geb. 1876 in Berlin) und Beginn einer Liebesbeziehung mit ihr; Ende der Affäre mit Annette von Eckardt; Begegnung mit Marie Schnür
1906	Griechenlandreise mit Bruder Paul; im Sommer mit Maria Franck und Marie Schnür in Kochel am See
1907	Eheschließung mit Marie Schnür; am selben Tag fährt Marc allein nach Paris; sehr beeindruckt von den Bildern van Goghs; neues Atelier in der Münchener Schellingstraße; Tod Wilhelm Marcs; Aufenthalte in Indersdorf, Swinemünde und Berlin
1908	Scheidung von Marie Schnür; mit Maria Franck in Lenggries; Fortsetzung der Beziehung mit ihr
1909	Mit Maria in Sindelsdorf, wo eine Wohnung mit Dachboden-Atelier angemietet wird
1910	Mit Maria auf Dauer in Sindelsdorf; 1. Einzelausstellung in München; Begegnung mit August und Helmuth Macke sowie mit dem Berliner Mäzen Bernhard Koehler sen.; Bekanntschaft mit dem Verleger Reinhard Piper; Kontakt zur »Neuen Künstlervereinigung München« (»N.K.V.M.«) und dort zu Alexej Jawlensky und Marianne von Werefkin
1911	1. Begegnung mit Wassily Kandinsky und Gabriele Münter; Mitgliedschaft in der »N.K.V.M.«; legendärer Besuch eines Schönberg-Konzerts; 2. Einzelausstellung

in München; vergeblicher Versuch einer Eheschließung mit Maria Franck in London; Beginn der Arbeit am Almanach »Der Blaue Reiter« mit Kandinsky; Abspaltung Marcs und Kandinskys von der »N.K.V.M.« sowie erste Ausstellung des »Blauen Reiters« in München

1912 Begegnung mit einigen »Brücke«-Künstlern und mit seinem zukünftigen Galeristen Herwarth Walden in Berlin; 2. Ausstellung des »Blauen Reiters« in München und in Waldens »Sturm«-Galerie; Erscheinen des Almanachs »Der Blaue Reiter«; Freundschaft mit Paul Klee; 3. Einzelausstellung in Frankfurt a. M.; mit August Macke und Maria bei Robert Delaunay in Paris; Besuch der Futuristen-Ausstellung in Köln

1913 Bekanntschaft mit der Dichterin Else Lasker-Schüler; 4. Einzelausstellung in München; Eheschließung mit Maria; Teilnahme an Waldens »Erstem Deutschen Herbstsalon« in Berlin; Beginn der Abstraktion in Marcs Gemälden; Plan einer Bibelillustration

1914 Maria und Franz erwerben eine Villa in Ried; Umzug dorthin; alleinige Arbeit an einem 2. Almanach »Der Blaue Reiter«; zu Beginn des 1. Weltkriegs im August meldet sich Marc freiwillig und wird eingezogen; danach Dienst als Unteroffizier und Meldereiter der Artillerie an der Westfront; August Macke fällt am 26. September

1915 Umfangreicher Briefwechsel mit Maria; Marc schreibt verschiedene Abhandlungen zur Kunst; in einem Skizzenbuch entstehen 36 Zeichnungen; Ernennung zum Leutnant; zwei kurze Heimaturlaube

1916 Franz Marc fällt am 4. März bei Verdun; er wird in einem Schlosspark beigesetzt; Maria betreut fortan das Werk ihres Mannes; große Gedächtnisausstellung in München im Oktober

1917 Maria Marc lässt den Leichnam ihres Mannes nach Kochel am See überführen

1955 Maria Marc stirbt am 25. Januar; sie wird ebenfalls in Kochel am See bestattet

Literatur (Auswahl)

Apollinaire, Guillaume: Dichtungen. Ausgew. u. hg. v. Flora Klee-Palyi. Geleit-wort v. René Char. Nachw. v. Fritz Usinger. Zweispr. Ausg., 2. Aufl., München 1981 (= Heyne Lyrik, Nr. 1).

August Macke: Mit Beitr. v. Hajo Düchting u. Margarethe Jochimsen, München 2012 (= Junge Kunst, Nr. 07).

Becks-Malorny, Ulrike: Wassily Kandinsky. 1866–1944. Aufbruch zur Abstrak-tion, Köln (1993).

Brachvogel, Carry: Schwertzauber. Roman. Text d. Erstausg. v. 1917. Hg. u. mit e. Nachw. versehen v. Ingvild Richardsen, München 2014 (= edition mon-acensia).

Der Erste Weltkrieg: [Vorträge v. H. Münkler, C. Clark, A. Holzem u. L. Höl-scher], in: zur debatte [Kath. Akademie, München] 44. Jg. (2014), Nr. 5, S. 19–32.

Die Münchner Schule. 1850–1914. Bayerische Staatsgemäldesammlung u. Ausstellungsleitung Haus d. Kunst München e.V., München 1979.

Düchting, Hajo: Wassily Kandinsky. 1866–1944. Revolution d. Malerei, Köln 2012.

Ders. / Wolf, Norbert (Hg.): Der Blaue Reiter, Köln 2014.

Ebertshäuser, Heidi C.: Malerei im 19. Jahrhundert. Münchner Schule. Ge-samtdarst. u. Künstlerlex, München 1979.

Elger, Dietmar: Expressionismus. Eine dt. Kunstrevolution, Köln 1994.

Erdmann-Macke, Elisabeth: Erinnerungen an August Macke. Mit e. biogr. Es-say v. Lothar Erdmann. Einl. v. Günter Busch. Abb. nach Gemälden, Aqua-rellen u. Handzeichnungen v. August Macke, 12. Aufl. 2000 (= Fischer Tb., Nr. 5660).

Expressionismus. Literatur u. Kunst. Eine Ausst. d. Dt. Literaturarchivs im Schiller-Nationalmuseum Marbach a. N. v. 8. Mai bis 31. Okt. 1960, 4.–12. Tsd., München (1960).

Ferrier, Jean-Louis: Fauvismus. Die Wilden v. Paris, Paris 1992 (Dt. Ausg.).

Förster, Katja: Auf der Suche nach einem vollkommenen Sein. Franz Marcs Entwicklung v. e. romantischen zu e. geistig-metaphysischen Weltinter-pretation, (Karlsruhe 2000) [Dissertation].

Franz Marc: Mit e. Beitr. v. Cathrin Klingsöhr–Leroy, München 2013 (= Junge Kunst, Bd. 08).

Friedel, Helmut / Hoberg, Annegret (Hg.): Der Blaue Reiter. Aquarelle, Zeichnun-gen u. Druckgraphik aus d. Lenbachhaus. Ein Tanz in Farben. Zur gleichna-migen Ausst.: Städtische Galerie im Lenbachhaus u. Kunstbau, München (19.6.–26.9.2010), u. Albertina, Wien (4.2.–15.5.2011), München 2010.

Fussmann, Klaus: Die verschwundene Malerei, Berlin 1985 (= CORSO bei Sied-ler).

Giedion-Welcker, Carola: Paul Klee, 58.–61. Tsd., Reinbek 1982 (= rowohlts monographien, Nr. 52).

Göttler, Norbert: Der Blaue Reiter, Reinbek 2008 (= rowohlts monographien, Nr. 50607).

Hepp, Corona: Avantgarde. Moderne Kunst, Kulturkritik u. Reformbewegungen nach d. Jahrhundertwende [1899 / 1900], München 1987 (= Dt. Gesch. d. neuesten Zeit v. 19. Jh. bis z. Gegenwart / dtv, Nr. 4514).

Herzfeld, Hans: Der Erste Weltkrieg, 4. Aufl., München 1976 (= dtv-Weltgesch. d. 20. Jh., Bd. 1 / dtv, Nr. 4001).

Hoberg, Annegret: Franz und Maria Marc, München u. a. 2004.

Dies.: Maria Marc. Leben u. Werk. 1876–1955, München 1995.

Hofmann, Werner: Grundlagen der modernen Kunst. Eine Einf. in ihre symbolischen Formen, Stuttgart 1978 (= Kröners Taschenausg., Bd. 355).

Hollmann, Eckhard: Der Blaue Reiter, München u. a. 2011.

Jüngling, Kirsten / Rossbeck, Brigitte: Franz und Maria Marc. Die Biographie e. Künstlerpaares, 4. Aufl., o. O. 2011 (= List Tb., Nr. 60429).

Kamm, Stefanie: Wilhelm von Diez. 1839–1907. Ein Künstler zw. Historismus u. Jugendstil, München 1991 (= tuduv-Studien, Reihe Kunstgesch., Bd. 43).

Kandinsky, Nina: Kandinsky und ich (unter Mitarb. v. Werner Krüger), München 1987 (= Knaur Tb., Nr. 2355).

Klee, Paul: Gedichte [mit Zeichnungen des Autors] Hg. v. Felix Klee, 2., erw. Aufl., Zürich 1980.

Kunst: Die Weltgeschichte [div. Hg. u. Autoren], Köln 1997.

Lankheit, Klaus: Franz Marc. Katalog d. Werke, Köln 1970.

Ders.: Franz Marc. Sein Leben u. seine Kunst, Köln 1976.

Lindemann, Gottfried / Boekhoff, Hermann: Lexikon der Kunststile. Bd. 2: Vom Barock bis zur pop-art, Braunschweig 1970.

List-Freytag, Claudia (Hg.): Keysers großes Stil-Lexikon / Europa. 780–1980, München 1982.

Lloyd, Jill: Vincent van Gogh und der Expressionismus. Katalog z. gleichnamigen Ausst.: Van Gogh Museum, Amsterdam (24.11.2006–4.3.2007), u. Neue Galerie New York (23.3.–2.7.2007), Ostfildern 2006.

Mache, Beata: Zeit zu wirken gegen die Gehässigkeit. Literatur u. der Krieg: Alfred Lemm, Hugo Sonnenschein u. Uriel Birnbaum, in: Kalonymos, 17. Jg. (2014), H. 4, S. 4–7.

Macke, Wolfgang (Hg.): August Macke / Franz Marc: Briefwechsel, Köln 1964.

Marc, Franz: Briefe, Aufzeichnungen und Aphorismen, 2 Bd., Berlin 1920.

Ders.: Briefe aus dem Feld. 1914–1916. Mit 36 Zeichnungen v. Franz Marc. Einf. v. Cathrin Klingsöhr-Leroy, München 2014 (= edition monacensia).

Ders.: Briefe, Schriften und Aufzeichnungen. Hg. v. Günter Meißner, Leipzig u. Weimar 1989.

Ders.: Schriften. Hg. v. Klaus Lankheit, Köln 1978.

Meseure, Anna: August Macke. 1887–1914, Köln 1992.

Meyer-Büser, Susanne (Hg.): Marc, Macke und Delaunay. Die Schönheit e. zerbrechenden Welt (1910–14). Ausst. Sprengel-Museum Hannover (29.3.–19.7. 2009, Hannover 2009.

Moeller, Magdalena M. (Hg.): Frühe Druckgraphik der »Brücke« [Ausstellungskatalog], München 2005.

Muller, Joseph-Émile: DuMont's kleines Lexikon des Expressionismus, 4. Aufl., Köln 1985 (= dumont tb., Nr. 13).

Nemeczek, Alfred: Van Gogh. Das Drama v. Arles, München u. New York 1995.

Nipperdey, Thomas: Religion im Umbruch. Deutschl. 1870–1918, München 1988 (= Beck'sche Reihe, Nr. 363).

Nouwen, Henri J. M.: Das letzte Tagebuch, Freiburg i. Br. 2000.

Partsch, Susanna: Franz Marc. 1880–1916. Wegbereiter d. abstrakten Malerei, Köln 2012.

Pese, Claus: Franz Marc. Leben u. Werk, Stuttgart u. Zürich 1989.

Reuter, Ursula: Hugo Haase im Ersten Weltkrieg. Sozialdemokratie, Internationalismus u. Pazifismus, in: Kalonymos, 17. Jg. (2014), H. 4, S. 8–10.

Rosenthal, Mark: Franz Marc, München u. a. 2004.

Schad, Margit: »Friedenskrieg«. Zu den Kriegspredigten v. Samson Hochfeld (1871–1921), in: Kalonymos, 17. Jg. (2014), H. 3, S. 4–8.

Schardt, Alois J.: Franz Marc, Berlin 1936.

Schüttekopf, Otto-Ernst: Der Erste Weltkrieg. Mit e. Einl. v. Michael Freund, Gütersloh 1977.

Thomas, Karin: DuMont's kleines Sachwörterbuch zur Kunst des 20. Jahrhunderts. Von Anti-Kunst bis Zero, 5. Aufl., Köln 1985.

Unterberger, Siegfried u. a. (Hg.): Die Scholle. Eine Künstlergruppe zwischen Secession u. Blauer Reiter, München u. a. 2007.

Vogt, Paul: Der Blaue Reiter, Köln 1977 (= dumont kunst-tb., Nr. 47).

Vriesen, Gustav / Imdahl, Max: Robert Delaunay – Licht und Farbe, Köln 1967 (= DuMont's Neue Kunst-Reihe).

Wolf, Norbert / Grosenick, Uta (Hg.): Expressionismus, Köln 2014.

Zweig, Stefan: Die Welt von Gestern. Erinnerungen eines Europäers, 134.–140. Tsd., Frankfurt a. M. 1985 (= Fischer Tb., Nr. 1152).

Für Auskünfte bedanken wir uns herzlich beim Evangelisch-Lutherischen Pfarramt in Schney, beim Einwohnermeldeamt der Stadt Mitterteich und bei dem Autor Manfred Knedlik.

Museen (Auswahl)

MUSEEN, DIE ÜBER EINE GROSSE FRANZ-MARC-SAMMLUNG VERFÜGEN

STÄDTISCHE GALERIE IM
LENBACHHAUS
Luisenstr. 33
80333 München
Tel. 089 / 233 320 00
www.lenbachhaus.de
Di–So 10–21 Uhr

FRANZ MARC MUSEUM
Franz-Marc-Park 8–10
82431 Kochel am See
Tel. 08851 / 92 488 0
www.franz-marc-museum.de
April–Okt. Di–So 10–18 Uhr,
Nov.–März Di–So 10–17 Uhr,
24. u. 31.12. geschl.

SOLOMON R. GUGGENHEIM
MUSEUM
1071 5th Avenue (at 89th Street)
New York, NY 10128-0173, USA
Tel. 001 212 / 423 35 00
www.guggenheim.org
So–Mi 10–17.45 Uhr,
Fr–Sa 10–19.45 Uhr

WEITERE MUSEEN MIT FRANZ–MARC-WERKEN

PINAKOTHEK DER MODERNE
Barer Straße 40
80333 München
Tel. 089 / 23 805 360
www.pinakothek.de
Di–So 10–18 Uhr,
Do bis 20 Uhr

MUSEUM LUDWIG
Heinrich-Böll-Platz
50667 Köln
Tel. 0221 / 221 261 65
www.museum-ludwig.de
Di–So 10–18 Uhr,
an jedem 1. Do im Monat 10–22 Uhr

KUNSTMUSEUM BASEL
Sankt-Alban-Graben 16
CH-4010 Basel
Tel. 0041 / 61 206 62 62
www.kunstmuseumbasel.ch
Di–So 10–18 Uhr

BUSCH-REISINGER MUSEUM
32 Quincy Street
Cambridge, MA 02138
(Massachusetts), USA
Tel. 001 617 / 495 94 00
www.harvardartmuseums.org
tägl. 10–17 Uhr

THE PHILLIPS COLLECTION
1600 21st Street,NW
Washington, D.C. 20009, USA
Tel. 001 202 / 387 21 51
www.phillipscollection.org
Di, Mi, Fr, Sa 10–17 Uhr,
So 12–19 Uhr,
Do 10–20.30 Uhr

THE LOS ANGELES COUNTY
MUSEUM OF ART (LACMA)
5904 Wilshire Buouevard
Los Angeles, CA 90036, USA
Tel. 001 323 / 857 60 00
www.lacma.org
Mo, Di, Do 11–17 Uhr,
Fr 11–20 Uhr,
Sa, So 10–19 Uhr

RHODE ISLAND SCHOOL OF
DESIGN, MUSEUM OF ART
Eingang:
20 North Main Street
od. 224 Benefit Street
Providence, RI 02903, USA
Tel. 001 401 / 454 65 00
www.risdmuseum.org
Di–So 10–17 Uhr,
Do bis 21 Uhr

ANDERE MUSEEN

DAS MÜNTER-HAUS IN MURNAU
Kottmüllerallee 6
82418 Murnau
Tel. 08841 / 62 88 80
www.muenter-stiftung.de
Di–So 14–17 Uhr,
24. u. 31.12. geschl.

AUGUST-MACKE-HAUS
Bornheimer Straße 96
53119 Bonn
Tel. 0228 / 65 55 31
www.august-macke-haus.de
Di–Fr 14.30–18 Uhr,
Sa, So u. Feiertage 11–17 Uhr,
am Tag d. Weiberfastnacht geschl.
Das Haus ist nur während laufender
Ausstellung öffentlich zugänglich;
zwischen den Ausstellungen bleibt
es geschl.
Führungen: jeden So 11.30 Uhr

LWL-MUSEUM FÜR KUNST
UND KULTUR
(Landschaftsverband Westfahlen-
Lippe)
Domplatz 10
48143 Münster
Tel. 0251 / 59 07 201
www.lwl.org
Di–So u. Feiertage 10–18 Uhr,
an jedem 2. Fr im Monat bis 22 Uhr,
(Macke-Sammlung u. -Archiv)

Werke (Auswahl)

Da das Gesamtwerk Franz Marcs sehr umfangreich ist, folgen nach subjektiver Auswahl der Verfasser einige für Interessierte leicht zugängliche Werke, stellvertretend für die einzelnen Phasen seines Schaffens.

Bildnis der Mutter (Öl auf Leinwand, 1902; Städt. Galerie im Lenbachhaus, München)

Indersdorf (Öl auf Leinwand, 1904; Städt. Galerie im Lenbachhaus, München)

Zwei Frauen am Berg (Skizze, Öl auf Leinwand, auf Pappe gezogen, 1906; Franz Marc-Museum, Kochel am See)

Der Vater auf dem Krankenbett (Malpappe, 1906/07; Franz Marc-Museum, Kochel am See)

Frau im Wind am Meer (Öl auf Pappe, 1907; Franz Marc-Museum, Kochel am See)

Zwei Pferde (Bronzeplastik, 1908/09; Städt. Galerie im Lenbachhaus, München)

Akt mit Katze (Öl auf Leinwand, 1910; Städt. Galerie im Lenbachhaus, München)

Blaues Pferd I (Öl auf Leinwand, 1911; Städt. Galerie im Lenbachhaus, München)

Hocken im Schnee (Öl auf Leinwand, 1911; Franz Marc-Museum, Kochel am See)

Die Hirten (Öl auf Leinwand, 1911/12; Pinakothek der Moderne, München)

Kühe, rot, grün, gelb (Öl auf Leinwand, 1912; Städt. Galerie im Lenbachhaus, München)

Tiger (Öl auf Leinwand, 1912; Städt. Galerie im Lenbachhaus, München)

Im Regen (Öl auf Leinwand, 1912; Städt. Galerie im Lenbachhaus, München)

Reh im Klostergarten (Öl auf Leinwand, 1912; Städt. Galerie im Lenbachhaus, München)

Tierschicksale (Öl auf Leinwand, 1913; Kunstmuseum Basel, Basel)

Fabeltier II/ Pferd (Tempera auf Karton, 1913; Franz Marc-Museum, Kochel am See)

Tirol (Öl auf Leinwand, 1914; Pinakothek der Moderne, München)

Kämpfende Formen (Öl auf Leinwand, 1914; Pinakothek der Moderne, München)

Vögel (Öl auf Leinwand, 1914; Städt. Galerie im Lenbachhaus, München)

Caliban, Figurine für Shakespears »Sturm« (Aquarell u. Deckfarben, 1914; Kunstmuseum Basel, Kupferstichkabinett, Basel)

Personenregister

Bildnachweis

akg-images: 48, 109, 113, 118
Bridgeman Images: 127
Gabriele Münter- und Johannes Eichner-Stiftung: 27
http///commons.wikimedia.org: 9
Nürnberg, Germanisches Nationalmuseum, Deutsches Kunstarchiv, NL Marc, Franz, I,A-1: 16, 68, 119
Staatliche Graphische Sammlung, München: 144 (Inv.-Nr. 1955:53 Z)
Süddeutsche Zeitung Photo: 45 (Fotoarchiv Otfried Schmidt)
The Yorck Project 10.000 Meisterwerke der Malerei: 36, 63, 84, 114, 122, 124
Tourist Information Kochel a. See: 150 (Thomas Kujat)
ullstein bild – Heritage Images/Fine Art Images: 96

Umschlagmotive: vorne: Franz Marc, porträtiert von August Macke, 1910 (ullstein bild – Archiv Gerstenberg); hinten: Tiger. – Öl auf Leinwand, 1912. Städtische Galerie im Lenbachhaus, München (The Yorck Project 10.000 Meisterwerke der Malerei)

Bibliografische Information der Deutschen Nationalbibliothek
Die Deutsche Nationalbibliothek verzeichnet diese Publikation
in der Deutschen Nationalbibliografie; detaillierte bibliografische
Angaben sind im Internet über http://dnb.d-nb.de abrufbar.

ISBN 978-3-7917- 2647-2
© 2015 by Verlag Friedrich Pustet, Regensburg
Umschlag-/Reihengestaltung und Layout: Martin Veicht, Regensburg
Satz: Vollnhals Fotosatz, Neustadt a. d. Donau
Druck und Bindung: Friedrich Pustet, Regensburg
Printed in Germany 2015

Diese Publikation ist auch als eBook erhältlich:
eISBN 978-3-7917-6048-3 (epub)

Weitere Publikationen aus unserem Programm
finden Sie auf www.verlag-pustet.de
Kontakt und Bestellungen unter verlag@pustet.de